中國道教文化研究

初　編

第 **6** 冊

宋元道教「三教合一」思想研究

李　玉　用　著

花木蘭文化事業有限公司

國家圖書館出版品預行編目資料

宋元道教「三教合一」思想研究／李玉用 著 — 初版 — 新北市：
花木蘭文化事業有限公司，2020〔民 109〕
目 2+156 面；19×26 公分
（中國道教文化研究 初編：第 6 冊）
ISBN 978-986-322-150-0（精裝）
1. 道教 2. 儒家 3. 佛教
030.8   102002278

ISBN-978-986-322-150-0

9 789863 221500

中國道教文化研究
初 編 第 六 冊   ISBN：978-986-322-150-0

宋元道教「三教合一」思想研究

作　　者　李玉用
總 編 輯　杜潔祥
副總編輯　楊嘉樂
編　　輯　許郁翎、張雅淋　美術編輯　陳逸婷
出　　版　花木蘭文化事業有限公司
發 行 人　高小娟
聯絡地址　235 新北市中和區中安街七二號十三樓
　　　　　電話：02-2923-1455／傳真：02-2923-1452
網　　址　http://www.huamulan.tw 信箱 hml810518@gmail.com
印　　刷　普羅文化出版廣告事業
初　　版　2020 年 3 月
全書字數　147542 字
定　　價　初編 20 冊（精裝）台幣 40,000 元

宋元道教「三教合一」思想研究

李玉用　著

作者簡介

李玉用（1979～），男，江蘇阜寧人。浙江大學哲學碩士（2005），南京大學哲學博士（2008），香港中文大學訪問學者（2011～2013）。現為南京信息工程大學公共管理學院副教授，南京信息工程大學中國哲學與宗教文化研究中心主任、研究員，蘭州大學宗教文化研究中心兼職研究員，主要從事儒佛道三教關係和道家道教哲學研究。迄今，已在《世界宗教研究》、《孔子研究》、《中國宗教》和《弘道》、《宗風》等海內外重要學術刊物發表學術論文 30 餘篇，國際國內會議交流學術論文 30 餘篇，正式出版學術專著《葉法善與武義溫泉文化》（中國文聯出版社，2012 年版）

提　　要

　　儒佛道作為中國傳統思想文化的三大主要組成部分，各有其特殊的理論貢獻，三教在衝突中融合，在融合中發展，一定意義上決定著漢代以來中國思想學術的特點及其發展方向。儒佛道「三教合一」更是唐宋以降中國傳統思想文化的主流和顯著特色。

　　宋元時期，三教內在要素融合的時機和條件都已具備，儒佛道三教分別立足於本教，吸納和融攝其他兩教，不僅有力促進了「三教合一」思潮向縱深發展，而且形成了各具特色的「三教合一」思想，如儒家理學、佛教禪宗可謂儒佛二教「三教合一」思想的集中表現。

　　本書主要立足和側重于宋元時期道教中相關文獻資料，以宋元道教「三教合一」思想為契入，嘗試從哲學進路上爬梳和揭櫫道教「三教合一」思想的發展理路特別是宋元時期所表現出來的內在心性化和普遍多元化的理論特徵及思維特色。宋元道教「三教合一」思想之研究，不僅在於通過重新挖掘傳統道教心性之學的價值並探求轉化之道，從而為當代終極關懷的價值系統提供有力支撐；而且能為當下全球化境遇中各種異質文化尤其中西文化、哲學的對話、交流和文化的傳承與創新提供啟迪。

目次

導　論

　　本文的主題是力圖揭櫫並具體分析宋元時期道教「三教合一」思想的理論表現、邏輯結構與思維特質；進而，嘗試闡述這一思想活動過程對宋元道教哲學乃至整個中國傳統哲學發展的影響與意義。

　　以下漸次說明研究旨趣、基本思路及其相關事項。

一

　　哲學是（作爲）一種生活方式，不論就其是一種練習獲取智慧之努力，還是就它的目標是智慧本身而言，似乎都是如此。因爲眞正的「智慧」不僅僅是吸引我們去知「道」，更重要的是引領我們成爲「別樣」的人——於「常人」或「眾人」之中「綻出」——從而「面向」一種可能的嶄新生活圖景。

　　與此同時，通過哲學，人們又逐步意識並認知到這樣一個也許是「眞理性」的事實，即智慧是難以企及的；但這並未妨礙（影響）人們確信追求精神進步與自由解放的必要性和可能性。我認爲，哲學的「自相矛盾」之處，或許正是哲學的無限偉大和絢麗迷人之處。

　　前些年間，閱讀路德維希・維特根斯坦的小冊子《論確定性》，幾乎不知所云。現在想來，「確定性」和「不確定性」這對範疇（概念）似乎應該就是人生「在世」的「切要」問題——績溪適之先生以探討人生之「切要」問題而「名」哲學——從「根」「本」上，哲學的「自相矛盾」與其說是因爲邏輯之混亂或語詞之模糊，勿寧說是人們的「眞實」生活以及每個個體「在之中」的世界（包括主客二重世界），滿佈著「碎片」、「斷裂」、「悖論」、「矛盾」以

及其他等等「現在」還不爲人們所「知」乃至能把握的一切「流動」，即便似乎已成爲每個「此在」「宿命」的「死亡」。

「生—活」的「眞實」（並非「意義」上的取向抑或態勢）指向「死亡」，但「死」、「亡」（「無」）對於每一個個體而言，卻是「確定」之「不確定」。因爲，對於「向死而在」的「此在」來說，「生—活」自身無論是「生」還是「活」，它首先意味著「在」（「有」），意味著一刻都不能阻止的「流動」（如生命之流，當然也包括情境之流和心境之流）乃至「轉換」和「更新」（尤指「氣象」之「日新」，當不僅僅指生物生命機制的新陳代謝）。而哲學的主要意義（不是唯一），則在於通過激勵人們去探求、追尋智慧來實現人自身的存在和生活方式乃至氣象的「改造」和「創新」。德國詩人歌德曾歌，「人類最美好的感覺就是顫慄。爲了這種感情，他不惜付出，當人體驗到壯觀時，他就被驚奇所俘虜。」而哲學在某種意義上，正誕生於人們孜孜於「新」的「顫慄」和「驚奇」，甚而似乎可以說，哲學的每一次「進步」在很大程度上要歸功和取決於上述人類美好的情感，如顫慄、驚奇等等。

如果我們承認，哲學是（作爲）一種可能的生活方式而不僅僅是一種思維方式，那麼六年來〔註1〕的哲學學習和研究訓練，其實是在不斷激發、振奮我生活的「問題」意識以及「探尋」渴望。某種意義上，這些「意識」和「渴望」，儘管還不能說是「驚奇」和「顫慄」，甚至都還不具備相對成熟的、穩定的、明確的「探求」智慧和「接近」智慧的能力；但，皆因這些「意識」與「渴望」的不斷「強化」和「再現」，我的讀碩及讀博生涯相比卻變得富有「朝氣」和「活力」，這種「朝氣」和「活力」應源自於一種意義感的「認可」和「滿足」——對於不相信「天啓」或「上帝」的人們而言，生活的全部「意義」或許「原」「本」就在「生—活」之中。

因爲專業及研究方向故，在相對系統讀了一些哲學典籍後，〔註2〕我一直想「探求」乃至「弄清楚」的一個問題是，人們對世界包括自身的觀察剛開始

〔註1〕 眞正開始接觸哲學並產生濃厚之興趣，應遠早於此，我的第一篇哲學性質的論文《一種嘗試抑或眞正的對話——禪與後現代思潮之比較研究》（《晉陽學刊》2003 年第 5 期）的醞釀與撰寫從大學三年級就開始了。

〔註2〕 當然，也包括西方的一些哲學經典，其中給我影響較大的是馬丁·海德格爾的《存在與時間》，我可能無法再去確切「想像」和「描述」當時讀這部作品的感受，但它給予我的持久的「影響」甚或「顫慄」，我是十分願意並必須要坦承的，無論是就其契入問題的方式還是對人自身命運所給予的深刻、恒久之關愛。

可能是外向和內向兼顧的〔註3〕。但是越往後似乎內向觀察就越強化〔註4〕，更爲重要的是，不同人們（主要表現爲民族和思想流派的差異、分疏）「契入」並由之「通達」的方式不「一」，從而呈現出「一致而百慮，同歸而殊途」的多元「景觀」。

宋元時期道教「三教合一」思想的揭示和分析似乎能有力地佐證我的「思考」和「發現」；當然，絕對存在這樣一種可能，即「發現」的「首創」並不在我，我只希望「我」的思考和發現能「豐富」和「推進」人們在這一問題上的探索與努力。反之，通過這些「思考」乃至「發現」又能構成我們生活的「信心」和「動力」。

倘若「問題」〔註5〕能構成我們生活的「信心」和「動力」，那麼「問題」的契入包括契入的方式不僅關鍵，而且還有賴於一些必不可少的「助緣」：其一，便是在讀博這段日子裏，能夠有相對寬裕的時間來思考自己感興趣而又覺得很重要的諸如上述問題。其二，生活在都市之中，種種浮華喧囂、冷眼世情，卻促使我靜下心來，將關注問題的焦點拉回到人及「身」陷其中的生活本身，嘗試從自己所學，給予力所能及的「詮釋」抑或「解答」。其三，便是業師在研究方法和研究視界上的切實指導，對於治中國傳統哲學而言，研究道家、道教而不懂或不研究儒、佛二家，其研究勢必不能深入，恐也不能把握問題之實質；在具體指導中，入學不久，業師便提醒我，能否從道、禪關係乃至儒、佛、道三教關係的視角來從事道家、道教哲學的研究，頗爲受益。

〔註3〕　「遠取諸物，近取諸身」的先民們似乎早有「意」向於此。就先秦儒家言之，如果說周公旦的「製禮作樂」還只是人文禮儀——人們「觀」「察」世界和「處」「理」世界的一種方式——的外在化，那麼「德」的明確和強調，則說明了周公旦的「觀察」視角並不局限於外在。這種內外兼顧的和世界「打交道」的方式、思維於老莊道家那裡，似乎也可作「類觀」。

〔註4〕　同樣以儒家來說，周公旦之後，孔夫子「仁」的提出並強調及繼之的孟軻對「心」、「性」的「關注」乃至濫觴於此的宋明理學及現代新儒學的對「心」、「性」問題的「過度」詮釋，似乎也內在地「遵循」這一可能是普適於人群的「定律」、「眞理」。對於西方哲學而言，海德格爾在《存在與時間》這部作品中首先批判兩千多年來的西方哲學（形而上學）遺忘了「存在」和「此在」（人自身）。海德格爾通過對「煩」、「畏」，「常人」、「死亡」等「心理情緒」和「生活狀態」、「生活意義」的獨特而精到之分析，指出哲學的「前途」和「宿所」應回歸人本身，哲學的「意義」在於追尋「存在」的意義。也許唯有這樣，才能「詩意地棲居」。

〔註5〕　「思考」和「發現」，總會以「問題」的形式「呈顯」出來，抑或說，「問題」承載著「思考」乃至「發現」。

二

　　儒、佛、道是中國傳統思想文化的主體，三教的分合是貫穿近兩千年中國思想文化史和中國哲學發展史的一股重要的流；儒、佛、道作爲中國傳統思想文化的三大重要組成部分，各有其特殊的理論貢獻，而「儒、佛、道三教關係，更是在一定意義上決定著漢代以來中國思想學術的特點及其發展走向。」〔註6〕此種現象，學界多以「三教合一」統而論之。然而，從「三教」到「三教合一」以及「三教合一」內在意涵的側重、演變則有一個過程。儒、佛、道三教〔註7〕在社會上的客觀存在是三教概念出現的基礎，不過，我們也應看到，三教概念的提出卻是社會意識特別是思想意識發展變化的結果。兩漢之際，中國哲學史、中國思想文化史上「一大事因緣」便是源自印度的佛教的傳入，稍晚於佛教傳入的思想文化事件便是本土宗教——道教的正式誕生〔註8〕，此後，中國哲學史乃至中國思想文化史某種意義上，就進入了以儒、佛、道三教的交涉、融合爲主要內容的運動、變化和發展過程。

　　儘管如此，三教作爲獨立概念的出現和被社會所廣泛接受，卻是在魏晉南北朝時期。如《翻譯名義集》曰：「吳王問三教。尙書闞澤對曰：……」。陶弘景《茅山長沙館碑》曰：「百法紛湊，無越三教之境」。梁武帝蕭衍作《會三教詩》，釋智藏作《奉和武帝三教詩》。周武帝召三教和文武百官 2000 餘人「量述三教」。〔註9〕等等皆見「三教」一詞。魏晉南北朝時，道教和佛教作爲強大的社會存在似乎已經無可置疑，時人於佛儒、佛道、儒道之間的互補共通之處，也多有論述。如東晉孫綽在《喻道論》中云：「周孔即佛，佛即周孔，蓋外內名之耳。……周孔救極弊，佛教明其本耳，共爲首尾，其致不殊」。

〔註6〕 洪修平主編：《儒佛道哲學名著選編‧選編旨趣與說明》，南京：南京大學出版社 2006 年版，第 1 頁。

〔註7〕 其中儒家到底算不算「教」，學界爭議還很大，至今尚無定論。本書在以「三教」爲通稱時，僅是爲了客觀敘述的行文方便。我認爲，儘管儒家從總體而言，與近代學術意義上的「宗教」還是有一定的差異，但是柳存仁先生在《中國思想裏天上和人間理想的構思》一文中所持「唐代以來的所謂三教，這個『教』指的是教化的意思，不一定要把儒家看做是宗教」的觀點對本文還是不無啓發的。相關請參見（澳大利亞）柳存仁：《道教史探源》，北京：北京大學出版社 2000 年版，第 137 頁。

〔註8〕 一般意義上，把東漢末年張陵創立的有教團組織的五斗米道看做是宗教形態的道教的正式形成。

〔註9〕 卿希泰主編：《道教與中國傳統文化》，福州：福建人民出版社 1990 年版，第 165 頁。

〔註 10〕明僧紹則認為，「佛開三世，故圓應無窮；老止生形，則教極澆淳」，所以「周孔老莊誠帝王之師」而「釋迦發窮源之眞唱，以明神道主所通」。〔註 11〕著名道士陶弘景則既著《孝經》、《論語集注》，又自稱是「釋迦佛陀弟子」，常率弟子誦讀佛經，並「詣鄮縣阿育王塔自誓，受五大戒。」〔註 12〕在茅山中立佛、道二堂，隔日朝禮。

　　不過，這一時期由於一些帝王的崇佛甚而佞佛，以及佛教作爲一種新的具有豐富而深厚內涵的意識形態所具有的生機和活力，使佛教成了三教的中心〔註 13〕。梁武帝在其《述三教詩》中說他自己「少時學周孔」，「中復觀道書」，「晚年開釋卷，猶月映眾星」，最後達到「至理歸無生」的認知，非常形象地突出了佛教蓋過儒道二教的吸引力，這也可看作是該時期三教關係的一個重要而鮮明之特點。

　　隋唐五代，儒、佛、道三教並舉乃至鼎立的局面達到了一個高潮，儒、佛、道三教理念的交流也空前頻繁。在朝廷，最高統治者主要從維護其封建統治的目的屢屢參與其中，甚至不乏出現通過政治的力量來「裁定」三教之先後次序，這一方面說明了儒、佛、道三教鬥爭之激烈，但另一方面也揭示了三教交涉程度的不斷深化。這一時期，諸朝舉行的三教辯論大會，從表面上看，似乎「突顯」了儒、佛、道三家之間的差異和矛盾，但客觀上卻爲三教的思想交流和融合提供了絕好的機會，並反映了社會政治及主流意識形態對整合三家的需要。李唐中期以降，在天子生日舉行有關三教討論的廷會，幾成固定之制度。如唐「貞元十二年四月，德宗誕日，御麟德殿，召給事中徐岱、兵部郎中趙需、禮部郎中許孟容與渠牟及道士萬參成、沙門譚延等十二人，講論儒、道、釋三教。」〔註 14〕儒、佛、道三教在這一時期頻頻進行的廷會、廷爭，通過彼此之間的相互陳述與辯論，結果卻有了更多共同使用的辭彙、概念和思維表達方式，客觀上使三教在內質和內蘊上加深了彼此的

〔註 10〕《弘明集》卷三，《喻道論》，《大正藏》卷五二，第 17 頁。

〔註 11〕《弘明集》卷六，《正二教論》，《大正藏》卷五二，第 38 頁。

〔註 12〕《隱逸‧陶弘景傳》，李延壽：《南史》卷七六，北京：中華書局 1975 年版，第 1269 頁。

〔註 13〕需要說明和指出的是，此處的「中心」僅就學術意義和影響而言。這一時期儘管儒家經學衰微，但儒學在政治意識形態上的中心地位自漢武帝「獨尊」儒術以降，就沒有發生過實質性的動搖和改變。

〔註 14〕《韋渠牟傳》，沈昫：《舊唐書》卷一三五，北京：中華書局 1975 年版，第 3729 頁。

瞭解與認同。

「三教講論」風氣的形成在當時產生了積極的社會影響，形成了這一時期開放、寬容的學術氛圍，各學術思想派別的爭論有利於學術思想的相互交流和交融，儒、佛、道三教在爭論中都深切感受到相互補充、相互融合的必要性，均表現出融攝他人理論精華的積極態度：儒家雖有韓退之之堅決反佛、道，但也有白香山之《三教論衡》主張三教一致。退之弟子李翱的《復性書》三篇，以儒家的語句講佛教的佛性論，更是在某種意義上開啓了宋明理學融攝佛、道二教之先河。道教有道士孫思邈《會三教論》言三教會通之意，成玄英的重玄理論融合老莊哲學和佛教的中觀哲學，而其心性論則融合佛教心性論、儒家心性論以及道家的修心養性論於一體，進一步對道教修行理論和實踐進行完善，其理論的思辨性和實踐的力度都大大增強。佛教方面有宗密作《原人論》會通三教，而從唐代開始風行中國佛教界乃至整個中國思想界的禪宗不僅是佛教中國化的典範之作，也是融攝儒、佛、道三教最成功的中國化佛教。

不過此時，三教內的學術中心已由前一時期的佛教逐步轉入到儒家上面來。隋時的佛教居士李士謙（西元 523～588 年）還以「佛，日也；道，月也；儒，五星也」來說明三教高低，以示崇佛。但唐以降就難以見到類似之議論，因爲「南朝的梁陳，北朝的齊隋都極力提倡佛教。唐代思反其道，便極力提倡儒家經世之術。」〔註 15〕我們認爲，無論魏晉南北朝還是隋唐五代，三教並舉甚而三教一致、「三教可一」、「三教一家」之類的說法，不論是出自哪一家之口，無一不是從「導民向善」和「訓民治世」等維護封建統治爲出發點和最終歸宿的，認爲在上述方面三教是完全「一」致的。這種「一」致被強調的結果，實際上是以政治統治的主流意識形態儒家思想、倫理道德作爲三教之取捨標準的，故反對三教並提乃至合「一」的論者，也是以佛、道二家不具備能與儒家等量齊觀的社會功能作爲一條重要理由的。另一方面，我們也看到，隋唐五代三教雖然仍然保持著各自獨立發展的態勢，但它們彼此在觀念和思維方式、思想要素等諸方面的不斷交流和融合，已經在一定程度上從外在功能上的互補加深到內在思想上的融通，這種由外在到內在的轉向意向突出表現在傳統經學向思孟學派的轉化、早期佛教向禪宗的演變和道教向

〔註15〕《中國佛學史》第五章，周叔迦：《周叔迦佛學論著集》上冊，北京：中華書局 1991 年版，第 185 頁。

老莊復歸這三大思潮中，儒、佛、道三家共有的內向化趨勢，又在一定程度上促進了三教各以自身爲本位的趨向人自身心性的大融合。

入宋以後，儒、佛、道「三教合一」逐步成爲思想界的主流思潮。從統合的角度來看，「三教合一」的含義無疑要比「三教」更進一步，關鍵是對「合一」的理解。如果說魏晉南北朝時期的「三教並存」以及強調三教外在政治及意識形態功能上的「一致」還是一種淺層次的「合一」，那麼隋唐五代時期的「三教並舉」、「三教鼎立」，則已經開始了理論上的內在融合，儘管還只是局限於某些方面也還不夠深入，但它畢竟開啓和預示著儒、佛、道三教關係發展的前景和方向，即更加側重於內在義理上如宇宙本體論和心性論上的深層次上的「合一」。宋元時期，三教內在要素融合的時機和條件都已具備，不過儒、佛、道三教甚而其內部的不同教派對「合一」的理解還是存在較大分歧和差異的，因而在「合一」的內向化基礎上又呈現出「合一」的多元化。明清兩朝，佛教、道教以及各種民間信仰，爲了保持在社會生活中的存在位置，也必須適時作出調整和妥協，否則在以儒家爲主流意識形態的社會裏將無法生存，這也是宋元以後，佛教、道教接受並宣傳儒家倫理道德，製作各種善書和功過格的重要原因。隨著各種善書和功過格等盛行於民間，儒、佛、道「三教合一」世俗化、普遍化的特徵也越來越明顯。

綜觀從三教到「三教合一」以及「三教合一」自身內涵的演變和發展，似乎可以察看到中國古代社會發展的一些動態。自唐代以降，無論是外在的政治統一還是內在的集權專制程度，都有甚於既往的朝代，而且一代甚於一代，這種專制集權的大一統社會政治體制的不斷強化，客觀上越來越趨向於需要一個統一的思想意識形態，儒、佛、道「三教合一」思想某種意義上可說是應「運」而生，當然三教在長期交往過程中的交流、互通和融合是主要的思想內生因素。

三

儒、佛、道三教在衝突中融合，在融合中發展，構成了漢代以降中國傳統思想文化發展的主要內容和總的畫面。儒、佛、道「三教合一」更是唐宋以降中國傳統思想文化的主流和顯著特色。上述觀點，已成爲學界治中國傳統思想文化人士之共識。然而，長期以來，人們有意無意地把儒家作爲中國傳統思想文化的代表，比較注目於儒家思想的闡發和研究，而對佛道兩家重

視不夠。在佛道兩家中，對佛教的研究還是頗為重視的，也取得相當之成果；相形之下，對道家、道教尤其道教的研究則頗為不夠，這種狀況的「實際」存在是與我們上述的「認知」以及歷史的「事實」頗相違背的，斷不能很好地揭示出中國傳統思想文化、中國哲學的內在邏輯進路和思維特色。

上個世紀九十年代以來，在國外道教研究尤其是法國、日本包括美國道教研究的刺激下，在中國文化領域圍繞道家哲學主幹論爭論的背景之下，道教史、道教哲學等研究均取得了長足發展，儘管起步較晚。當然，我們依然得清醒地認識到，相對儒、佛二家的研究而言，道教研究仍然較為薄弱，許多領域還有待挖掘和拓展。

長期被埋沒的道教「三教合一」思想就屬於亟需系統拓展和深化的領域，因為道教發展史上的兩次重大轉型——從原始道教到成熟道教，從外丹道教到內丹道教——都與三教的交織、激盪是分不開的。據現有資料看，國外道教學者如法國的安娜・塞德爾（其代表性著作《西方道教研究史》，中譯本，上海：上海古籍出版社 2000 年版），日本的荒木見悟（其著作《宋代的儒教與佛教》，劉俊文主編：《日本學者研究中國史論著選譯》第七卷，北京：中華書局 1993 年版），久須本文雄（《宋代儒學的禪思想研究》，臺北：東大圖書公司 1982 年版）和窪德忠（其著作《金代的新道教與佛教》，劉俊文主編：《日本學者研究中國史論著選譯》第七卷，北京：中華書局 1993 年版）等已經開始注意到道教和佛教以及儒教（儒學）在底層傳播和內在義理上的融通乃至合一。另外，日本學者酒井忠夫在道教善書尤其功過格的研究中，（見《功過格的研究》，劉俊文主編：《日本學者研究中國史論著選譯》第七卷，北京：中華書局 1993 年版），其實也已觸及到道教三教交融甚至合一的問題，但都沒有重點突顯出來，可能與他們的研究側重有關。不過，道教「三教合一」這一重要思想是不能被長期遮蔽和埋沒的。

新近幾年來，國內學者也已認識到道教「三教合一」思想對道教哲學乃至對整個中國傳統哲學發展的重要性，並在這一領域進行了積極而有益的探索。從單篇論文來看，大體從兩個方面展開：一方面已經針對某一道教思想家的三教融合或「三教合一」思想進行闡發，例如對葛洪、陶弘景、杜光庭（孫亦平《論杜光庭的三教融合思想及其影響》）、張伯端（孫亦平《張伯端「道禪合一」思想述評》）、白玉蟾（劉延剛《白玉蟾的「三教合一」思想及其宗教調適》）、李道純（申喜萍《李道純的「三教合一」思想研究》）等的探

討和研究。另一方面，則是從探討「三教合一」的社會時代背景和思想文化淵源著眼，如淩慧的《宋代「三教合一」思潮初探》和楊軍的《宋元時期「三教合一」原因探析》等。綜觀以上兩方面的研究，我們認為，前者專人個案研究是必要的，但是因為缺少系統化和其他專人研究的連貫以及相互研究的激蕩，就此，我們難以從整體上把握道教「三教合一」思想的發展理路和思想特色。至於後者的研究，則顯得泛化和浮於表層，大多並沒有能夠深入到三教內層來透視，而只是簡單羅列、摘錄一些三教倡導「交融」、「歸一」的語句，在研究的方法、研究的思路以及內容上都有所不足和欠缺。當然，從研究的總體趨勢來看，這兩方面的研究必將取得新進展，對於系統研究和整體研究其實都是有推進和補充作用的。

專著方面，值得重視的有張廣保的《金元全真道內丹心性學》、《唐宋內丹道教》和陳少峰的《宋明理學與道家哲學》、孔令宏的《宋代理學與道家、道教》等，儘管這些著作並沒有把道教「三教合一」思想作為主要課題來研究，但我們知道，入宋以後，儒、佛、道「三教合一」已逐步成為思想界的主流，道教思想家不僅積極參與其中，而且竭力推進和闡發，在上述著作中，我們都能見到道家、道教與儒、佛二家關係等不同程度的表現和反映。但是，基於道教本位的「三教融合」甚至「三教合一」思想的內在邏輯和理論特色仍然缺乏系統的研究和總結。四川大學哲學系唐大潮教授的博士論文《明清之際道教「三教合一」思想論》是國內第一部以道教「三教合一」思想為主題研究的論著，其系統性和整體性，似乎彌補了上述研究的缺憾和不足，但由於該研究主要立足和側重於明清之際，而對宋元時期道教「三教合一」思想的資料缺乏翔實的梳理和哲理之分析，未免又是一新的遺憾，因為宋元時期恰好是道教「三教合一」思想逐步成熟、興盛和進一步闡發、流佈之時，這一時期的梳理和研究理應得到重視和加強。

宋元是中國傳統文化的成熟和繁榮期。宋代新儒學哲學基礎的結構和方法，一直以來都是中國哲學史研究的主題，近代以來，國內外許多學者都對此加以重視：或揭明其大綱、理順其脈絡，或深入其淵源演變、傳述其精神所自，或綜合整體研究，或專題個案研究，總之，這方面的成果既重也蔚為大觀。其次，儒佛關係尤其佛教及禪宗與理學的關係，在這一時期也得到了深化和發展，這方面的研究也為大多學者所重，取得了頗為豐碩的成果：如上述提到的日本學者久須本文雄所著《宋代儒學的禪思想研究》、荒木見悟的

《宋代的儒教與佛教》等都是具有代表性的力作。國內學者如侯外廬、邱漢生等先生主編的《宋明理學史》（上下卷，北京：人民出版社，分別為 1984年版、1987 年版）也特別注重宋明新儒學與佛教義理學說之間的關係研究。值得重視的這方面的論文有張立文教授的《佛教與宋明理學的和合人文精神》（《世界宗教研究》1996 年第 2 期）、《儒佛之辨與宋明理學》（《中國哲學》2000年第 8 期）和賴永海教授的《宋元時期儒佛交融思想探微》（《中華佛學學報》1992 年第 5 期）等。而唯獨對於宋明新儒學的重要思想來源的道家、道教與儒佛關係的研究還少人重視，雖有所探討，但關注的程度以及問題涉及的廣度和深度上都顯得非常之不足。

緣此，本文主要立足和側重於宋元時期道教中相關文獻資料，以宋元道教「三教合一」思想作為契入，嘗試從哲學進路上梳理和揭示出道教「三教合一」思想的發展理路特別是宋元時期所表現出來的內在化、多元化、普遍化的理論特徵和思維特色。其二，在總體把握宋元道教「三教合一」思想思維特徵的基礎上，具體關注和考察這一理論思想在不同道派甚而不同道教思想家那裡的思維邏輯進路以及所表現出來的理論特色。其三，似乎可以以此來透視尚未引起人們足夠重視的道教與佛教、道教與儒家（尤其宋明新儒學）的關係，從而為相關領域的研究開闢新的天地。無疑，宋元道教「三教合一」思想有其自身醞釀、形成與發展的內在邏輯，這是我們能從學理上加以研究和探討的主要依據；不僅如此，我相信這一研究對於我們今天全球文化境遇中各種異質尤其是中西文化、哲學的對話、交流有啟迪和創生意義。

四

儒、佛、道三教為了各自的發展，從不同角度吸納和融攝其他兩教，共同促成了「三教合一」思潮的產生和發展。通常所謂的「三教合一」，它「並非是三個教派的合而為一，從而誕生一種新的宗教或哲學流派，也不是三教各自思想的消解、泯滅，從而產生一種新的思想，而是在儒、佛、道三教並行、各自基本特質不變格局下的三教思想的相互融攝與相互補充。」〔註16〕道教以自身為本位，通過和儒、佛二教的相異相斥、相融相攝，不僅對「三教合一」思潮的形成和發展起了積極的促進和推動作用，而且形成了自己獨

〔註16〕張玉璞：《三教融攝與宋代士人的處世心態及文學表現》，濟南：《孔子研究》2002 年第 2 期。

特的有別於儒、佛的「三教合一」思想。下面首先對這一思想的形成、演變作一簡要回溯。

（一）漢魏兩晉道教「三教合一」思想的醞釀與準備

東漢末年開始正式形成的道教是中國本土宗教，具有濃鬱的「中國特色」。世人眼中的道教「雜而多端」，從古代宗教、神仙傳說、民間巫術、方士方術、老莊哲學、黃老思想、陰陽五行學說、易學、儒家思想、墨家思想，到古代醫學及原始體育衛生知識等，大凡漢代之前及兩漢時期所存在的各種思想、觀點和信仰，道教都加以吸納和糅合。漢魏兩晉時期，道教尚處於原初、草創階段，教理教義還很粗糙、教規教制也不完備，各方面都需要充實和提高。學界一般把這段時期的道教稱爲早期道教。

早期道教最初主要是依賴和吸納儒家（儒教）思想。道教早期經典《太平經》採擷先秦百家，承襲原始崇拜和信仰，宣講仙眞仙境及人可以學道積德成爲長生久視的仙人等思想。同時明確肯定儒家、儒教的三綱五常六紀，以類似於儒教君親師的君父師爲道教三寶，認爲「此三行而不善」則天地人鬼神必共責之、共譴之，故《太平經》能「令人父慈、母愛、子孝、妻順、兄良、弟恭，鄰里悉思樂爲善，無復陰賊好竊相災害。」早期道教的又一部重要經典《老子想爾注》是五斗米道的重要秘典，它不僅推崇黃老思想，而且「喜忠孝、好善事」，將儒家的忠孝仁義等道德規範置納於「道」的統屬之下，認爲「道用時，臣忠子孝，國則易治」，「道用時，家家慈孝，皆同相類，慈教不別。」「治國之君，務修道德，忠臣輔佐，務在行道，道普德溢，太平至矣。」早期道教不僅在理論上肯定儒家倫理和儒教信仰，還在一定程度上付諸實踐。魏晉時期，道教有了一定的發展，尤其以葛洪爲代表的丹鼎派理論發展迅猛。丹鼎派探索的主要是人可服食金丹而長生及金丹的具體煉製過程和方法等問題，這方面的重要著作《抱朴子》卻獨闢篇章，專論儒學。葛洪在自序中明確說道：《抱朴子·外篇》言人間得失，世事臧否，屬儒家。不過葛洪的基本構想是道本儒末，兼攝二家才能達到「內以治身，外以爲國」之目的，葛洪認爲仙道不悖於世理人情，「欲求仙者，要當以忠孝和順仁信爲本。若德行不修，而但務方術，皆不得長生也。」可見，以葛洪爲代表的丹鼎派把忠孝仁義等儒家倫理理解爲得道成仙修行的必要條件和重要內容。

兩晉時期，隨著佛教經典翻譯的增多，佛教對中國社會及本土思想的影響也隨之增強。早期道教由於自己理論上的欠缺，還遠不足以在教理、教義

上與佛教相抗衡；相反，本土道教更多的是積極向外來佛教學習、借鑒和「取經」，以完善自身。早期道教在「善惡報應」、「天道承負」等原有教義的基礎上，重點融攝和吸收了佛教的因果報應和地獄輪迴等思想學說，這一時期造作的如《太極眞人敷靈寶齋威儀諸經要訣》、《太上洞玄靈寶本行宿緣經》、《太上洞淵神咒經》等經書中，佛教的因果報應、地獄輪迴等思想可謂俯仰皆是，甚而連篇累牘。

我們認爲，早期道教彙納眾多思想，特別是吸收儒家倫理和儒教信仰，藉此充實、發展了道教自身，同時使道教具有較大的包容性和開放性，這一特點也爲道教「三教合一」思想的形成與發展奠定了堅實的基礎。

（二）南北朝道教「三教合一」思想的提出與明確

這一時期，道教開始深入廣泛地吸取儒、佛二家思想，促進了三教的一致和相通，「三教合一」的思想已被明確提出。這一時期，道教開始從義理、儀規及具體修行等各個層面全面吸取和融會佛教思想。在義理上，南北朝時，道教除了吸收和融攝佛教的因果報應說之外，五道輪迴、地獄托生等思想也屢見於道書。北魏道士寇謙之的《太上老君誡經》敘述道：「本得無失，謂前生過去已得此誡，故於今身而無失也。」他的《老君音誦誡經》宣講「六道輪迴」，告誡世人，若行爲不端，便會受到懲罰，「罪重之者，轉生蟲畜。」同時對佛教空宗思想也有不同程度地援引和吸容。如《太上洞玄靈寶智慧定志通微經》明確論道：「當知三界之中，三世皆空。知三世空，雖有我身，皆應歸空。明歸空理，便能忘身。能忘身者，豈復愛身？身既不愛，便能一切都無所愛，唯道是愛。」在儀規上，道教仿傚佛教逐步建立了一套戒規儀禮制度。北朝寇謙之清整道教時，便率先倡導戒規，立教規教儀。南朝陸修靜主張內持齋戒外持威儀，並以齋爲求道之本，修道之基石。他編著的道教儀範方面的書有一百多卷，製定了一整套的齋戒儀典，使道教齋儀規範化、制度化。由於寇謙之和陸修靜等人的努力，早期道教逐步趨向成熟，以天師道的嶄新姿態臨世。在具體修行上，一些道士對佛理佛規身體力行，其中最典型的是陶弘景。他佛道並修，自稱是「釋迦佛陀弟子」，敬重佛法，率弟子恒讀佛經，又在茅山中立佛道二堂，隔日朝禮。他臨終前還叮囑弟子，要「以大袈裟覆衾蒙首足」。道士們不僅在思想上也在行動中承認、接受佛教，可見佛教對道教影響之深。

儒家倫理和儒教信仰促進了早期道教的形成，在道教變革更新的過程

中，被納入道教體系，滲入道教各個層面。北魏道士寇謙之改革五斗米道時就很注重吸取儒家禮法和儒家禮教，認爲道教的「建功齋清」、「誦戒」、「建功香火」等齋醮儀式的目的是以禮祈求神靈，各種長生成仙道術及其修煉必須「專以禮度爲首」。南朝道士陸修靜從道教的角度呼籲民眾內修慈孝、外行敬讓、助國扶命。陸修靜的再傳弟子陶弘景則進一步改革道教，在其重要道書《眞靈位業圖》中，將黃帝、堯舜、孔子、顏回等儒家聖賢和儒教敬奉的教祖引入道教神團，與老子列在同一級位，他還注重調諧三教，並在《茅山長沙館碑》中指出：「百法紛湊，無越三教之境。」「三教合一」思想已逐漸明朗化。

（三）隋唐五代道教「三教合一」思想的深入與轉型

隋唐五代是儒、佛、道三教大斗爭、大融合的時期，道教更透徹地吸佛納儒，進一步促進了「三教合一」思想的發展。這一時期，道教對佛教進一步吸納和融攝，力圖使道教義理化。唐初道教形成了佛教味頗濃的道派即重玄派，其代表人物主要有成玄英、王玄覽等，其主要特徵是援引佛教的玄、空等思想來闡釋老莊哲學，從而論述道教之「道」。成玄英認爲道的本質即是「虛玄」，王玄覽在《玄珠錄》中更明確闡發道體空、玄的思想：「道體實是空，不與空同。空但能空，不能應物；道體雖空，空能應物。」中唐時的司馬承禎在修煉方法上吸取佛教的止觀、禪定思想，如他在《坐忘論》中強調修眞之要在於主靜和坐忘：「靜則生慧，動則成昏。……學道之初要，須安坐虛心離境，住無所有，不著一物，自入虛無，心乃合道。」還提出了齋戒、安處、存思、坐忘、神解「五漸之門」的修行方法，其主靜和坐忘的修道精神得到了具體體現。唐末五代的道士杜光庭則從儀禮方面吸取佛教，他考訂、整理了道教的各種齋醮儀式，撰寫了著名的《道門科範大全集》，統一了不同道派的齋醮儀式，使之規範化和制度化。道教效彷佛教體系並吸取佛教的虛、空、玄等思想，通過詮釋老莊思想而確定道體理論，從而完成了道教的義理化過程。

道教與儒家、儒教雖有摩擦，但相互吸容仍是主流。唐朝道士吳筠力圖消除世人對道教違反儒教倫理的看法。在《玄綱論》中，他論道：「道之所存乎本，故至仁合天地之德，至義合天地之宜，至禮合天地之容，至智合天地之辯，皆自然所稟。」他雖以道爲本，但認爲仁義禮智是合乎道、合乎自然的道的固有屬性。杜光庭則比較注重儒家的忠孝仁信論，如他在《道德眞經

玄德纂疏序》論道：「道德二篇……非謂絕仁義聖智，在乎抑澆詐聰明，將使
君君臣臣父父子子，見素抱樸，泯合於太和，體道復元，自臻於忠孝。」五
代道士譚峭更有機地融合儒道，他在其《化書》卷四中說道：「曠然無爲之謂
道，道能自守之謂德，德生萬物之謂仁，仁救安危之謂義，義有去就之謂禮，
禮有變通之謂智，智有誠實之謂信，通而用之之謂聖。」隋唐五代是道教迅
猛發展的時期，道教融合儒、佛更爲深入，積極向義理化、心性化轉型。

（四）宋元明清道教「三教合一」思想的內化與成熟

　　入宋以後，道教衍生出眾多新的道派，這些新的道派包括之前的道派，
無一不以「三教合一」爲其重要理論特徵，道教同儒佛的融攝進入全面融通
時期，而且越來越趨向心性化、內在化和普遍化，標誌著道教「三教合一」
這一重要思想已日趨成熟。北宋金丹派南宗之祖張伯端將內丹論明確化，初
步完成了外丹論向內丹論的轉變。在其名作《悟眞篇》中明確指出：「教雖分
三，道乃歸一。」他融攝佛禪理論和儒家性命之說，糅三教爲一體，主張性
命雙修、先命後性。其後學白玉蟾緊承祖師所說，認爲：「三教異門，源同一
也。」「道釋儒門，三教歸一，算來平等肩齊。」宋元間於南方產生的淨明道
以忠君孝親爲中心，兼攝禪宗心性理論，其「三教合一」特徵昭然。

　　金元期間，北方誕生了著名的三大道派：太一道、眞大道和全眞道，各
道派在義理及具體修持方法上各有偏重，或重在融儒，或重在融佛，但都自
覺不自覺地突出了「三教合一」這一時代大趨勢。全眞教主王重陽以三教一
家爲立教之宗，「儒門釋戶道相通，三教從來一祖風」，這是他始終堅持的原
則，更爲重要的是王重陽性命雙修以性爲先爲重，這一點有別於南宗，也從
最根本意義上論述三教同源旨歸於一。王重陽的七大弟子及他們所創立的北
七眞派都繼承了乃師的三教圓融乃至合一思想，其中馬鈺和丘處機在此基礎
上各有發展。元初道士李道純，由南宗而入全眞教，以儒家「十六字心傳」
釋道之心性，又用禪宗的清妄念、幻緣之說講述修仙之道，在《中和集》卷
六中明言：「道釋儒三教名殊理不殊」。

　　宋元時期逐步成熟的道教「三教合一」思想，到了明清不僅得到了繼承
而且越來越滲透到社會生活的各個層面。符籙派的主幹由原始五斗米道到南
北朝時的天師道，元代又改名爲正一道，雖名稱不斷變換，卻始終以符籙咒
術爲本，但發展到明初第四十三代天師張宇初時，也較明顯地吸取儒佛。張
宇初在宣揚符籙咒術的同時，兼修內丹，並以宋儒二程之言論證鬼神的存在，

又借佛教涅盤之說來超度亡靈，試圖「貫綜三氏，融爲一途」。明代產生並盛極一時的張三豐的武當道，以北方水火之神眞武（又名玄武）爲至尊之神，道士均習武當內家拳，在教義上則重內丹修煉，尤重修性，強調「三教合一」。《張三豐全集·大道論》中寫道：「道原於性本於命」，三教同源於此道，「佛也者，悟道覺世者也；儒也者，行道濟世者也；仙也者，藏道度人者也。」三教皆窮理盡性至命。明代後期產生並在清朝得到進一步發展的伍柳派也力倡「三教合一」，不過以「仙佛合宗」爲其特色，認爲仙佛皆爲性命之學。清代最著名的內丹大師劉一明堅守全眞道的宗旨，宣講三教義理相通：「儒以渾然天理謂太極，道以渾然天理謂金丹，釋以渾然天理謂圓覺。」他認爲三教以「道」爲宗，太極、金丹、圓覺實爲一體，成聖成仙成佛只是稱謂不同，實質無二，還專門撰有《三教辨》，全面系統論述三教同源同宗。

　　此外，明清兩朝，大體起於北宋逐步發展起來的道教善書，大量流行於社會，其影響遍及社會各個階層。勸善書主要有三類即《感應篇》、《陰騭文》和《功過格》。勸善書的思想內容大量吸取儒佛二家的思想，不再拘泥於儒、佛、道三教之界限，而明確主張「三教合一」，並以自己的實踐立場爲中心，理解三教的信仰和學問，因而作爲新的民眾道德而勃興和流佈。

五

　　基於道教「三教合一」思想自身的展開路徑及宋元道教相關文獻，本書的考察將在以下四個方面表現出來：其一，按歷史時序分別考察兩宋、金元時期道教「三教合一」思想的理論表現和思維特徵。當然，這樣的分期只是爲了便於考察和行文敘述的需要，並不意味著道教「三教合一」思想的「斷層」或「分裂」。其二，具體到每個時期以代表人物爲導引，力圖梳理和揭示出這一時期道教「三教合一」思想的內在邏輯結構，主要基於哲學的視角分析思想的內在生成。其三，在上述基礎上，將宋元道教「三教合一」思想的研究從專題、切割引向一般與整體，從而在資料、文獻的支撐下，探析宋元道教「三教合一」思想的發展理路和理論特色。顯然，上述三個方面主要是從縱向角度來考察宋元道教「三教合一」思想的情勢；第四個方面，力圖將這一思想放到宋元哲學乃至整個中國傳統哲學中考察，從而一方面以這一思想爲契入分析道佛、道儒關係，另一方面藉以闡發這一思想的深遠影響及其現實意義。

　　通過上面的敘述，本文的結構非常明顯，分縱橫四個方面來鋪陳和論證，至於研究方法事實上也已蘊涵其上，即文本為基礎的解讀性研究方法；人物為導引的歷時性研究方法；哲學為主線的思想性研究方法。總之，運用文獻、資料的說服力和哲學分析方法進行邏輯推理和證明，在資料方面區分主要資料和次要資料，在證明推理尤其是得出結論方面，將儘量從主要資料和文獻出發，有多少材料，說多少話，這是本文探索、研究中應當謹記的。

　　誠然，本書力圖展開的任何一個專門領域的探索和研究都是異常困難和艱辛的。原因在於：其一，研究對象在時間跨度上長達四、五百年，資料文獻的爬梳需要有異常的耐心和學術上應有素質的準備。其二，綜觀三教史，宋元無疑是一個重要時期，這一時期的儒、佛、道在其特定的歷史背景下，因循中國思想文化自身的發展規律，形成了以心性問題為核心和旨趣的三教在哲理上的高度融合。這一時期無論是一個具體人物還是一個學派思想的探究，都要求對中國傳統哲學的整體特質、各個學派之間的相互影響以及方法特點了然於胸，即便這樣，也難以避免支離破碎或者牽強附會之嫌。其三，宋元道教思想的研究成果，無論從整體還是從個案研究來看，都非常單薄，一方面亟需加強，似乎增強我們這一研究的價值和意義；但一方面因為研究少，可供參照的資料不多，多少也會影響研究的實質進度和增加研究的探索難度。

　　選擇《宋元道教「三教合一」思想研究》這一課題所面臨的主客觀困難已如前述。但首先似乎應該排除兩方面的非學術性的干擾。一方面，在已有的文獻、資料中，無論是主要資料還是次要資料，「作者」（古典文獻的「言說者」）和現代的一些「研究者」由於立場、價值旨趣等差異或受傳統的正統與異端觀念以及信教者的心態、門戶之見等「學術事實」──一方面存有維護某一思想學派的門戶之見，主觀地厚此薄彼；另一方面則是在沒有系統閱讀一手文獻及整體研究的情況下，先提出驚人之論，再強引資料以附合之──這無論是對綜合研究還是專題研究都是相當不利的。

　　本書的研究基於文獻，基於「哲學的視角」，力求「還其本來面目」為旨歸，以資料的詳審完備為基礎，以客觀分析、多重論證為手段。其中不達、不妥乃至錯誤之處，或因學識不逮，或因洞察不力，或因資料疏漏，無論宏觀整體還是個別細節，都等待著而且事實上也需要再進行批評和探討。學術研究無止境，對於我本人而言，由衷期望這一課題的研究，能促使自己在學術的道路上不斷有所進益。

第一章　一統多元的思想文化背景

　　在中國學術發展史上，先秦諸子是原創期（西人雅斯貝爾斯稱作人類文化發展史上的「軸心時代」），經過秦漢的奠基期、魏晉南北朝的會通期、隋唐的融合期的發展，在宋元達到造極期。「造極」之說，出自陳寅恪先生之「華夏民族之文化，歷數千載之演進，造極於趙宋之世」〔註1〕的提法。中國學術發展到宋元時期，開創了新學風、新學術、新品格、新精神，成為超越漢唐的新時代；中華民族文化經過幾千年的發展、積澱和嬗變，至此進入了一個極其昌盛的成熟階段而為後世難以企及。

　　宋元學術具有致廣大、盡精微、綜羅百代的恢宏氣勢，具有激蕩融攝、生機勃勃的精神氣象：如學術史上的濂學、關學、洛學、閩學、新學、蜀學、湖南、江西、浙東等儒家學派異彩紛呈。道教內丹南宗（包括清修和陰陽雙修兩派）、全真北宗、真大道、太一道、淨明道等新道派的興起和繁盛。唐代以降，佛教巔峰雖過，但天台宗、華嚴宗、淨土宗仍有較大發展，尤其是禪宗「五家七宗」發展不一，卻盛滿天下。這一時期的學術多元，大師輩出，學派林立，是思想自由、切磋爭辯、成果豐碩的時代；另一方面，儒、佛、道三教作為當時的主流思潮，立足本教，從內在上融合其他二教的特徵甚於既往任何時代，以心性為旨趣的「三教合一」成為儒、佛、道三家的共同追求和必由之路。

〔註1〕　陳寅恪：《鄧廣銘〈宋史職官志考證〉序》，《金明館叢稿二編》，上海：上海古籍出版社1980年版，第245頁。

第一節 儒學新興

在中國思想文化史和中國學術發展史上，儒家起初只是諸子百家中的一個重要學術流派，因其豐富的倫理道德思想、修齊治平的積極用世精神，自漢武帝「罷黜百家、獨尊儒術」的文化政策之後，儒學就一直成為封建社會占主導地位的統治思想，爲歷代統治者所倚重。然而，長於倫理而疏於哲理，內容上缺乏對宇宙本體的精緻思考等特點，使儒學難以從思辨的高度和深度上深化和發展自己的學說，這種先天的不足在以後的發展中給儒學帶來理論上的困難，尤其在隋唐佛教昌盛和道教發展以後與之的較量中，更體現出理論和思辨之底蘊的缺乏與不足。

漢儒宣揚的「天命」、「天人感應」等「神化君權」以治世的思想因其體系粗陋，牽強附會加之經學的煩瑣，已越來越引起士人的不滿；經過魏晉玄學的「洗禮」，並沒有從根子上解決儒學思辨不足、理論體系粗陋的特點，王弼等人之後，儒學理論就沒有什麼重大進展，儘管儒學曾經借助《老子》、《莊子》等道家原典，在理論上達到一個新的高峰。魏晉南北朝時期，儘管儒學從未遭到佛道的正面挑戰，但是比起兩漢儒學獨尊的地位則是大大衰弱了。隋王朝建立以後，在重建大一統政局之下，曾出現了以儒學爲體、會通三教合一的要求。大儒王通《文中子》認爲政出多門，對大一統的政權統治不利，因此提出以儒學爲中心的「三教可一」說，這是一種復興儒學的嘗試，但沒有成功。

大一統的政局客觀上需要有統一的意識形態，由於歷史的積澱尤其是儒學自身理論發展的困境，一直到李唐王朝，仍然沒有形成三教統一於儒學的條件；相反，此時的佛教經過格義、比附、會通等階段後，至唐無論其影響力還是理論的發展上都絕非昔日可比，創宗立派，一片繁榮昌盛景象。唐初，高祖李淵曾擬接受傅奕廢佛的主張，後因遭到絕大多數朝臣的反對，只得作罷。到唐太宗李世民也只能採取限制佛教發展的政策，下詔道教的地位在佛教之上，這是變相利用擡高道教的手段來打擊佛教勢力。唐太宗還令大儒孔穎達撰《五經正義》作爲科舉考試的標準，這雖然在一定程度上有助於意識形態的統一，但由於孔氏所依據的經注，半是漢代作品，半是魏晉作品，其所撰《五經正義》也只是把前人的經注疏通，雖使經學在詮解上達到統一，但並未創造出時代所需之義理之學。相對於佛教、道教，儒學在理論上並沒有重大發展，儒者在人格上也自甘墮落，如孔穎達等人之後的祝欽明作爲國

子祭酒，在朝宴上作舞獻媚，備諸淫醜之態。而不少還未忘記高尚人格的儒者，一面不得不遵守儒學的禮儀制度和綱常名教，一面也只能從佛道二教中尋找淨化心靈的思想慰藉。韓愈之前，幾乎很難找出不染佛、道二教的士大夫來。

安史之亂以後的帝國分裂和藩鎮割據，使一切成了「不確定的世界，其中規範性的典範至多不過是臨時的，聖人的意圖也成了需要闡釋的東西」，〔註2〕所以，受儒家思想浸染的士人們深切感到需要挽救「斯文」，這個「斯文」用包弼德的話來說，便是「我們的文化」，即儒家思想和儒學自漢武以降的作爲官方意識形態的主導地位。於是，儒學的復興成了一個時代課題。外在上，佛道二教在理論上的建樹、發展，也使儒學感到有奮起直追的必要和緊迫感。一部分儒者復尋漢儒的章句之學重注《春秋》，倡導尊王。這一路徑其實已爲兩漢以降儒學的理論困境和現實情勢所雙重否定。儒學要想獲得新的發展乃至振興，必須另尋他路。「文起八代之衰」的韓愈等人擔當，確切地說引領了後來影響整個封建社會的思想潮流。韓愈、柳宗元和李翱可說是儒學復興運動的先驅，錢穆先生曾言「治宋學必始於唐，而以昌黎韓氏爲之率」，〔註3〕他們所提出的復興儒學的基本口號與發展方向，確乎是整個宋元新儒學的先聲。

韓愈從維護李唐王朝的國計軍防出發，力陳佛道弊害，試圖建立新儒學體系，從而予根本上否定佛道，其《原道》、《原性》等篇章系統闡述了其理論。爲反對佛道，振興儒學，韓愈提出了儒家的道統說，在他看來，儒家有個核心傳統，而這個傳統所代表的精神、價值（道）是通過一個個聖賢之間的傳承過程（傳）而得以成其爲一個相續而發展的傳統的（統）。韓愈認爲，儒家的道的傳遞過程如下：「堯以是傳之舜，舜以是傳之禹，禹以是傳之湯，湯以是傳之文、武、周公，文、武、周公傳之孔子，孔子傳之孟軻。柯之死，不得其傳焉。」〔註4〕根據韓愈的說法，聖人之道的傳承有兩種方式：一種是堯、舜、禹式的親傳口授，另一種則是周公之於孔子，孔子之於孟子式的精神傳承。不過他認爲孟軻死後，儒家道統無論是前者的親身口傳還是後者的精神承傳都不復有傳，因而傳至孟軻的儒學道統在孟子死後的思想家中並未

〔註2〕　包弼德：《斯文：唐宋思想的轉型》，南京：江蘇人民出版社2001年版，第22
　　　　頁。
〔註3〕　錢穆：《中國近三百年學術史》，北京：中華書局1987年版，第1頁。
〔註4〕　《原道》，《昌黎先生集》卷一一。

延續，他自己則顯然暗示或表示出一種意願，即由他來把中斷了近千年的道統發揚起來，傳承下去。通常認爲，韓愈這個說法是受佛教的傳法世系即法統以及士族族譜的影響，不過韓愈對儒學道統的說法卻爲宋元新儒學所繼承，「使承續孟子後失傳的聖人之道成爲對知識份子的一種有吸引力的理想。」〔註5〕韓愈反佛道分別從文化和經濟兩個方面立論，認爲「夫佛本夷狄之人，與中國言語不通，衣服殊制，口不言先王之法言，身不服先王之法服，不知君臣之義、父子之情。」〔註6〕佛教作爲一種異族文化，其教義不僅背棄綱常名教，而且有礙國計民生，「古之爲民者四，今之爲民者六。古之教者處其一，今之教者處其三。農之家一，而食粟之家六；工之家一，而用器之家者六；賈之家一，而資焉之家六；奈之何民不窮且盜也？」〔註7〕韓愈反對佛老振興名教，符合統一意識形態的時代要求。從長遠發展來看，韓愈起了某種承接漢代儒學與宋元儒學的作用；但韓愈反對佛老有較大的局限性，他無視當時三教鼎立的現實，盲目排斥佛道，不僅不符合三教趨於合流乃至合一的客觀情勢，也與振興儒學之初衷相悖。

　　同時代的另一位思想家柳宗元在復興儒學的旗幟下，較之韓愈要更爲理性和自覺，也更適合時代發展的需要。他認識到，在當時的社會歷史條件下，不僅不能像韓愈那樣盲目、簡單地甚至是粗暴地排斥佛道，而且儒學在理論上要有所發展，必須善於積極吸收佛道二教的思維理論成果，這樣才有可能眞正復興儒學。他破除排斥百家唯儒獨尊的偏狹態度，發揚以儒學爲主，兼取他人之長的務實學風。他雖然主張「求孔子之道，不於異書」，〔註8〕但同時還主張「讀百家書，上下馳騁」，認爲諸家之書「皆有以佐世」，而應「伸其所長，而黜其奇邪」，在孔子之道的基礎上「通而同之」。柳宗元對佛教也持這種態度。他在《送文暢上人登五臺遂遊河朔序》中提出「統合儒釋，宣滌疑滯」的主張，在《送元十八山人南遊序》中稱讚元十八山人善於統合儒釋：「其爲學恢博而貫統，數無以躓其道，悉取曩之所以異者，通而同之，搜擇融液，與道大適，咸申其所長，而黜其奇邪。要之與孔子同道，皆有以會其趣。」韓愈見此，責柳宗元「不斥浮圖」，柳氏在《送僧浩初序》中回答了韓愈的責問，他說：「浮圖誠有不可斥者，往往與《易》、《論語》合。」他批

〔註5〕 陳來：《宋明理學》，上海：華東師範大學出版社 2004 年版，第 19 頁。
〔註6〕 《論佛骨表》，《昌黎先生集》卷三九。
〔註7〕 《原道》，《昌黎先生集》卷一一。
〔註8〕 《報袁君陳秀才避師名書》，《河東先生集》卷七。

評韓愈狹隘的治學態度，盲目排斥佛教等外來文化：「果不通道而斥焉以夷，則將友惡來盜蹠，而賤季札由餘乎，非所謂去名求實者矣。」總之，他認為，韓愈不能採取佛教的合理內核以豐富和發展儒學。

李翱是韓愈的學生，史稱「翱始從昌黎韓愈為文章，以見推當時」。李翱在理論上對儒佛進行了融合的嘗試，其代表作《復性書》三篇體現了儒學在表面上排斥佛道，卻又從哲理上吸收、融合佛道的實質。《復性書》所用語言據儒家經典《中庸》。《中庸》一書集中講性與情，李翱企圖以此來對抗佛教的佛性理論。宋人歐陽修曾謂，始讀《復性書》，以為《中庸》之義疏而已；但深入考察不難發現，《復性書》正是以儒家的語句，講佛教的佛性論。李翱認為，人性本善，由於被情所遮蔽，才使人性敗壞，產生惡，所以要復性。他所謂「性」即相當於佛教的「佛性」或「本心」，所謂「情」即相當於佛教的「無明」、「妄念」等。按佛教說法，眾生本心都是淨明、圓覺的，只因為無明所遮蔽才不能顯露，所以必須去無明才能恢復其淨明圓覺的本心。此外，在《復性書》中李翱較其師韓愈更為關切人的精神修養問題。在是書中，李翱進一步討論了復性和達到寂然不動之境的功夫：「或問曰：人之昏也久矣，將復其性者，必有漸也，敢問其方？曰：弗慮弗思，情則不生，情既不生，乃為正思。正思者，無慮無思也。……方靜之時，知心本無思者，是齋戒也。知本無有思，動靜皆離，寂然不動者，是至誠也。」〔註9〕李翱把修養功夫歸結為「弗慮弗思」，並要求把這一原則貫穿到動靜不同狀態中去。靜時不思不慮，稱為齋戒其心；動時不思不慮稱為至誠無為。他的這些說法顯然受到了佛教滅情及不思善惡的影響。

隋唐雖說是儒、佛、道三教鼎立，但佛、道二教大有壓倒儒學之勢，而以韓愈為代表的古文運動大力推崇儒家學說，也從一個側面反映出儒學地位的下降。就此，陳寅恪先生曾云：「唐太宗崇尚儒學，以統治華夏。然其所謂儒學，亦不過承繼南北朝以來正義義疏繁瑣之章句學耳。又高宗、武則天以後，偏重進士詞科之選，明經一目僅為中材以下進取之途徑。……故明經之科在退之時代，已全失去政治社會上之地位矣。」〔註10〕在趙宋王朝建立後的最初幾十年中，這種狀況並沒有改變多少。但是隨著趙宋王朝的建立，中國封建社會的結構發生了重大變化。包弼德在近年發表的《唐宋轉型的反思：

〔註9〕 《復性書》，《李文公集》卷二。
〔註10〕 《金明館叢稿初編》，上海：上海古籍出版社1980年版，第287頁。

以思想的變化爲主》〔註 11〕一文中作了比較好的闡釋和說明。過去關於唐宋轉型的傳統解釋是，「在社會史方面，唐代結束了世襲門閥對政府的支配，宋代開始了一個現代的時代，它以平民的興起爲標誌。」「在經濟史中，唐宋轉型是以經濟秩序的根本變化爲標誌的政府對商業失去了控制。」「在文化史上，唐代這個由虛無和消極的佛道所支配的宗教化的時代，讓位於儒家的積極、理性和樂觀。」但是包弼德認爲，此處有一些問題應當有新的解釋：比如，在社會史方面，並不是平民的興起，而是「士」即地方精英的壯大和延續；在文化史和思想史上，是唐代基於「歷史」的文化觀，轉向宋代基於「心念」的文化觀，從相信皇帝和朝廷應該對社會和文化擁有最終的權威，轉向相信個人自己做主；在文學和哲學中，人們越來越有興趣去理解萬事萬物如何協調爲一個體制。上述轉向（變化）導致到北宋慶曆時期「士大夫矯厲尚風節」，對此《宋史·忠義傳》具體描述云：「眞、仁之世，田錫、范仲淹、歐陽修、唐介諸賢，以直言讜論倡於朝，於是中外搢紳，知以名節相高、廉恥相尚，盡去五季之陋矣。」士風的變化，加之統治階級對儒學的推重尤其是社會現實需要儒學的復興，然而漢唐以來那種只重名物訓詁、「疏不破注」的經學傳統，已不能適應新時代的要求，新的時代呼喚思想家們對經典進行新的詮釋，於是宋代成爲中國古代經學發展的最重要時期，完成了「漢學」到「宋學」的轉變，即由章句之學轉變爲義理之學。長期以來，人們習慣將「宋學」簡單歸結爲程朱理學，這其實是不準確的，因爲宋學除了程朱理學，還有濂學、關學、新學、以譙定、李燾、李石爲代表的蜀學，以胡安國、胡宏、張栻爲代表的湖湘學，以陸九淵爲代表的心學，葉適爲代表的永嘉學派，以陳亮爲代表的永康學派，以呂祖謙爲代表的金華學派等諸多學派互爭雄長，程朱學派僅是宋學的一個流派，直到南宋中後期才成爲顯學，後又長期佔據經學的主導地位。宋元新儒學學流派紛呈，非程朱理學一家所能概括。

　　宋元新儒學的新興，人們自然可以追溯到中唐韓愈等人的影響，但主要還是形成於北宋中期，學者們不僅對儒經的注疏，甚至對儒經提出大膽的懷疑。不僅如此，學者們敢於突破漢唐注疏，敢於發表自己的新論，「以六經注我」的學術精神和學術勇氣開創了學術探索的新局面，並表現了它獨特的新思路和新方法：其一，把學術探索和社會實踐結合起來，力圖在社會改革上

〔註11〕 包弼德：《唐宋轉型的反思：以思想的變化爲主》，北京：《中國學術》2000
　　　　年第 3 期。

表現經世致用之學，這是儒學真精神。其二，儒學新興的過程，其實是以儒家文化為本位，兼收並蓄、博采眾長尤其是不斷批判和吸收佛道二教文化的過程。此時的儒家學者致力於對儒家倫理價值的再造、儒家道德形上學的重建，他們從佛道二教中汲取了有益的內容，實現了更為理論化、思辨化的飛躍，使儒學的理論思辨達到前所未有的高度。其三，新興儒學適應封建社會強化中央集權的需要，其強調忠孝的政治倫理學說所體現的強烈的社會現實性到南宋中後期，再度成為封建社會的統治思想，對社會影響也日益增大，這使得宋元時期的佛道都不得不重視這一事實的存在，紛紛以自己的方式或吸取、或融合，從而發展或延續自己的理論及客觀存在。

第二節　禪風繁盛

中國佛教發展到唐代，宗派紛呈，達到頂峰，無論是就佛典的翻譯、佛教流派的繁衍，還是思想理論的建樹而言。唐代以後，佛教發展開始呈現衰頹和下降趨勢。佛學研究大師湯用彤先生曾說，「隋唐佛學有如戲劇的頂點，是高潮的一刻，也正是下落的一刻。」〔註 12〕唐武宗滅法之後，以寺院經濟和佛典章疏為依託的教下各宗先後衰弱，此後，天台宗、華嚴宗等雖曾一度中興，卻好景不長，所以影響也有限；但這並非意味唐代以後，佛教的發展就已停滯不前了。宋元期間，佛教雖然總體趨於衰微，但仍然有所發展，特別是它的傳播範圍和在民眾中的影響，都達到了相當的程度，而保持山林佛教特色的禪宗主要是南宗在社會上更是廣為流行。禪宗是外來佛教與中國傳統文化相結合的產物，是佛教中國化的成果，堪稱中國化佛教之代表，某種意義上，後來禪宗成了中國佛教的代名詞。

晚唐五代，藩鎮割據乃至社會分裂，南宗禪在逐步繁盛的過程中也分化出諸多的派系，各據一方。臨濟、溈仰、曹洞、雲門和法眼禪門五派之思想與門風略有小異，然其根本宗旨皆不離六祖慧能的頓悟心性與自我解脫——「禪門弟子在舉揚自家宗風的同時，繼續保持著某些共同的思想特點，其機鋒棒喝、公案話頭等等『直指人心』的接機方法和行腳雲遊遍訪名師的參學方式都是為了頓悟解脫這樣一個共同的信念與目標」。〔註 13〕入宋以後，禪宗

〔註 12〕　《隋唐佛學之特點》，張錫坤主編：《世界三大宗教與藝術》，長春：吉林人民
　　　　　出版社 1991 年版。
〔註 13〕　洪修平：《禪宗思想的形成與發展》，南京：江蘇古籍出版社 2000 年版，第

是最爲流行的佛教宗派，其本身雖仍在不斷地演化、流變，但都不出上述五家之外。其中，臨濟門下所分化出來的楊歧與黃龍兩系，都曾盛極一時，與原有五家合稱慧能禪之後的「五家七宗」。當教下各宗趨於衰弱之時，南宗禪卻在宋元得到了進一步的發展，並通過統治者和士大夫日益走向社會，不斷擴大其社會影響。如宋太祖趙匡胤登基不久，即在揚州召見僧道暉，「造寺賜額建隆，賜田四頃，命僧道暉主之」，而且還曾「手書《金剛經》，常自誦讀」。其弟宋太宗趙匡義之向佛、崇佛之言論與事迹更是不絕於書。太平興國三年（西元 978 年），在御製《新譯三藏聖教序》賜天竺三藏法師天息齋文中稱：「大矣哉！我佛之教也。化道群迷，闡揚宗性，廣博宏辯，英顏莫能窮其旨；精微妙說，庸愚豈可度其源？義理幽玄，眞空莫測也。」〔註 14〕儼然一佛徒也，史傳所謂太宗「素尙釋教」，「遊心釋部，觀妙眞宗，演暢一音」，〔註 15〕當非虛言。尤以崇道著稱的宋眞宗「敬重佛法」亦甚前朝，繼撰寫《崇儒術論》之後，他還撰寫了《崇釋氏論》，宣稱「釋氏戒律之書，與周、孔、荀、孟迹異道同，大旨勸人之善，禁人之惡，不雜則仁矣，不竊則廉矣，不惑則疏矣，不妄則信矣，不醉則莊矣，苟能遵此，君子多而小人少。」〔註 16〕由於他們的優渥與支持，佛教在宋代出現了中興的局面，特別是禪宗得到了進一步的發展，其規模日益壯大，社會影響不斷加深，進而成爲中國佛教的主流。

不過從思想理論來看，宋元禪學並沒有太大的創獲，但因其教旨、義理適應了新的時代變化和社會心理，這一時期的禪學表現出與前期不同的新特點。例如隨著中國佛教對內相互融通、對外與儒道合流的總趨勢，禪宗一方面在禪教融合的同時進一步加強了與當時影響同樣盛大的淨土宗的融合，另一方面在儒學新興並逐步影響增大、道教發展勢頭很旺的背景下，爲了維持自身的發展加深了自身的儒化和道化過程，當然還有反向的對儒、道的影響。

宋元時期，佛教各宗的界限越來越模糊，雖以某宗相標榜，實際上卻是諸宗的融合。其融合過程，大體上先是禪、教相互融通，其次是各宗分別與淨土合一，再就是禪、淨合一爲中心的各宗大融合。

357 頁。

〔註 14〕《佛祖歷代通載》卷一八，《大正藏》卷四九，第 659 頁。

〔註 15〕《宋大昭令集》卷二二三，《道釋上》，北京：中華書局 1962 年版，第 860 頁。

〔註 16〕《崇釋氏論》，《續資治通鑒長編》卷四五，北京：中華書局 1979 年版，第 962 頁。

（一）禪、教融合

永明延壽是唐末、五代、北宋之際禪宗法眼宗著名僧人，他曾邀請唯識、華嚴、天台三宗的學者，「分居博覽，互相質疑」，最後他「以心宗之衡以準平之」即以禪宗思想統一其他各宗，寫成《宗鏡錄》一百卷，「舉一心爲宗，照萬法如鏡，編聯古制之深義，撮略寶藏之圓詮，同此顯揚，稱之爲錄。」〔註17〕惟則是元代禪宗臨濟師明本的法嗣，同時兼通天台教理和淨土法門。

（二）淨土與禪、教的合一

禪門中人，用禪宗明心見性、見性成佛的理論改造淨土往生佛國的思想。永明延壽重視淨土法門並身體力行。惟則兼修淨土，著有《淨土或問》。〔註18〕天台宗人，知禮用天台宗觀佛三昧的方法來組織淨土教，還結念佛淨社；傳燈著《淨土生無生論》，融合天台三觀之旨，闡揚淨土法門。

（三）以禪淨為中心的諸宗大融合

永明延壽禪教並重，融通性相，歸心淨土，熔各宗思想和實踐於一爐。惟則發揚臨濟宗風，同時兼通天台教理和淨土宗。傳燈中興天台，同時兼修淨土、禪宗。

在禪風盛行、禪淨日趨合一的同時，佛教爲了維持自身的發展，佛教與傳統儒、道的融合也進一步深化。宋初，天台宗人智圓「於講佛經之外，好讀周孔楊孟書」。〔註19〕他調和儒佛，認爲「失儒釋者，言異而理貫也，莫不化民，俾遷善遠惡。儒者，身之教，故謂之外典也；釋者，修心之教，故謂之內典也。……儒乎，釋乎，其共爲表裏乎！……故吾修身以儒，治心以釋」，〔註20〕智圓還認爲「釋道儒宗，其旨本融」，〔註21〕又說「晚年所作，雖以宋儒爲本，而申明釋氏，又加數倍焉。往往旁涉老莊，以助其說。」〔註22〕宋

〔註17〕石峻、樓宇烈等編：《中國佛教思想資料選編》第三卷第一冊，北京：中華書局1987年版，第6頁。

〔註18〕石峻、樓宇烈等編：《中國佛教思想資料選編》第三卷第二冊，北京：中華書局1987年版，第385頁。

〔註19〕石峻、樓宇烈等編：《中國佛教思想資料選編》第三卷第一冊，北京：中華書局1987年版，第118頁。

〔註20〕石峻、樓宇烈等編：《中國佛教思想資料選編》第三卷第一冊，北京：中華書局1987年版，第125頁。

〔註21〕石峻、樓宇烈等編：《中國佛教思想資料選編》第三卷第一冊，北京：中華書局1987年版，第124頁。

〔註22〕石峻、樓宇烈等編：《中國佛教思想資料選編》第三卷第一冊，北京：中華書

元佛教高僧對儒家思想的融合具有以前不同的特點，他們往往主動接近儒學，而不是在揚佛抑儒的基調下融合儒學，這反映了宋代以後代表中央政權意識形態的新儒學勢力的增強。契嵩是北宋著名的雲門宗禪師，他針對歐陽修等人闢佛的議論，作《輔教篇》以闡明儒佛一貫，轟動當時。他以佛教的「五戒十善」通儒家的「五常」，認爲「夫孝也者，大戒之所先也」。〔註 23〕他還作《中庸解》五篇，盛讚儒家的中庸思想。他曾說：「古之有聖人焉，日佛，日儒，日百家，心則一，其迹則異。夫一焉者，其皆欲人之爲善道也；異焉者，分家而各爲其教者也」。〔註 24〕認爲儒、佛是使人向善，因而是一致的，是相輔相成，相資爲用的。宋以降，佛、道二教的融合也日趨緊密，乃至僧人中不斷出現「好道」的標榜和「重道」的提倡。佛、道二教的民間信仰也日益融合，甚至發展到後來，佛寺、道觀同立關帝與觀音像。

第三節　道教內丹化

宋元時期，儒學納佛融道而系統化、理論化形成了新形態儒學即理學，儒學有了質的飛躍，從形式到內容都更加完善，地位也更加顯著和穩定。佛教巔峰雖過，但禪風大盛，影響深遠。道教則完成了肇始於唐宋之際的外丹向內丹的轉變，從而內丹道教成爲宋元道教的主流。

從外丹轉向內丹，堪稱道教發展史上的一次相當成功並重要的轉型甚或革命。道教自東漢中期出現以後，延及隋唐，主流道派所崇尚的外丹黃白之術逐漸轉向以存思、靜功、氣法等爲主要表現形式的內丹路徑發展。但「道教文獻對內丹一詞存在著不同的使用方法，有時總稱內修之事爲內丹，有時以氣法爲內丹，甚至有的外丹經典將合製某種特定的外丹亦稱作內丹。至於內丹道教所主張的經典意義上的內丹，在唐以前不過只爲鍾呂內丹道派所嚴格執守。」〔註 25〕如果說，鍾呂內丹道是內丹道教的先導，那麼宋元可算是內丹道教的成熟和完善時期。

從現有資料看，中國古代文獻中較早提到「內丹」一詞的並不是道教自

局 1987 年版，第 131 頁。

〔註 23〕石峻、樓宇烈等編：《中國佛教思想資料選編》第三卷第一冊，北京：中華書局 1987 年版，第 279 頁。

〔註 24〕石峻、樓宇烈等編：《中國佛教思想資料選編》第三卷第一冊，北京：中華書局 1987 年版，第 278 頁。

〔註 25〕張廣保：《唐宋內丹道教》，上海：上海文化出版社 2001 年版，第 13 頁。

己的文獻，而是載錄於《大正藏》中的一種佛教文獻，此即《南嶽思大禪師立誓願文》，這篇文獻記載了南朝時天台二祖南嶽大師慧思引道入佛「爲護法故求長壽命，願生天及餘趣。願諸賢佐助我，得好芝草及神丹，療治衆病除饑渴。常得經行修諸禪，願得深山寂靜處，足神丹藥修此願。藉外丹力修內丹，欲安衆生先自安。」〔註26〕如該文確是慧思所作，則六朝人對內丹修煉已經不陌生，慧思既然是引用，說明「內丹」一詞的出現不會遲於六朝慧思所生活的年代。然而這篇文獻的眞偽，學術界尙有爭議。佛學研究大師湯用彤先生便懷疑是後人附會所作，在其所著《隋唐佛教史稿‧隋唐之宗派》第四章中，湯先生云：「（南嶽大師）尙有《南嶽思大禪師立誓願文》，然證之於以道宣傳所言，頗不合，恐係後人附會偽造。」

　　據歷史事實看，內丹是在外丹之後出現的。魏伯陽的《周易參同契》是漢代金丹術的著名經典，有「萬古丹經王」之美譽。其中還有一些可以解釋爲內丹修煉的內容，這是葛洪、陶弘景等人已經注意到的，但因理論旨趣和時代的局限，使得他們並未對《周易參同契》表示出推崇之意，所以《周易參同契》在當時乃至之後很長一段時間內仍然主要被當作是外丹之作。眞正從理論上贊同並認眞挖掘《周易參同契》對於修煉之價值的，隋代羅浮山道士蘇元朗確實是第一人，應該說，眞正嚴格意義上或狹義上的以後發展爲宋元道教主流的內丹道其實可以追溯於此。據《羅浮山志》記載：「蘇元朗者，不知何許人，嘗學道於句曲，得司命眞秘，遂成地仙。生於晉太康時，隋開皇中，來居羅浮，年已三百餘歲矣！居青霞谷，修煉大丹，自號青霞子，作《太清石壁記》及所授《茅君歌》。又發明太易丹道爲《寶藏論》弟子從遊者聞朱眞人服芝得仙，竟論靈芝，春青夏赤，秋白冬黑，惟黃芝獨產於嵩高，遠不可得。元朗笑曰：『靈芝在汝八景中，盍不向黃房求請？諺云：天地之先，無根靈草，一意制度，產成至寶。此之謂也。』乃著《旨道篇》示之。自此道徒始知內丹矣。」從上述文獻可以看出，蘇元朗已經開始將尋求長生之藥的目光轉向身體內部，並由外丹道的啓示開啓出內丹道，並用他所開啓的《周易參同契》的內丹維度、視角來指導自己的修煉實踐。《羅浮山志會編》卷四有云，「其言曰：天地久大，聖人象之。精華存乎日月，進退運乎水火，是故性命雙修，內外一道。龍虎寶鼎即身心也，身爲爐鼎，心爲神室，津爲華池。……有爲之時，無爲爲本。自形中之神入神中之性，此謂歸根復命。鍊金歸性初

〔註26〕《南嶽思大禪師立誓願文》，《大正藏》卷四六，第787頁。

而稱還丹也。」很清楚的是，這裡蘇元朗已經明確提出了宋元乃至後世內丹道所倍加強調的「性命雙修，內外一道」的原則，從而開啓了宋元道教理論發展的主流。有唐一代，內丹道的發展取得重大進展，唐高宗時的道士葉法善不贊成外丹燒煉，在其所注的《眞龍虎九仙經》中鮮明地表達了鍾情內丹的思想傾向。活動於唐玄宗和武則天時的張果，在以《太上九要心印妙經》等著作中，通過實踐的道術將天道與人道緊密結合起來，使內丹修煉形成了一套有步驟、有秩序的方法體系。唐代宗時的崔希範撰有《崔公入藥鏡》一卷，對內丹理論和功法修煉作了全面系統的論述，描述了結丹、運河車、架鵲橋、把握火候等諸多方面。其中，尤重精、氣、神三者，「精能固物，炁能盛物。外忘其形，內養其神，是謂登眞之路。」該書對催生內丹學產生了重大的作用。呂洞賓曾經作詩讚揚它說：「因看《崔公入藥鏡》，令人心地轉分明。」晚唐五代，經過隋唐以來道教學者們的孜孜努力和不懈探索，內丹理論趨於成熟。唐宋之際，誕生了鍾呂——陳摶學派，他們以《道德經》、《周易參同契》、《陰符經》的思想爲主體，通過《莊子》與佛教禪宗相溝通，吸收消化了佛教心性論的一些思想，再納入儒家的一些倫理道德觀念，借鑒、改造外丹學的理論模型，初步把內丹學的理論體系給建構起來了。他們中的代表人物有鍾離權、呂洞賓、施肩吾、陳摶、譚峭、張無夢、劉海蟾、陳景元等。

鍾離權、呂洞賓在隋唐以來的內丹道基礎上更進一層，使內丹學說更具成熟的形態。張廣保在《唐宋內丹道教》〔註27〕認爲，鍾呂內丹道較之中唐以來的各種原初的內丹道形態，有以下三個重要特點：其一，是將內丹道奠基於形而上的天道的基礎上，使丹道與天道相互貫通。鍾呂對內丹道的這一純然關屬基礎理論的構建，使得內丹道不再只是一種純粹的經驗事實，而具有一種形而上的超越根據。換言之，鍾呂援引天道推闡丹道的義理創發，使得內丹道脫盡方術的粗劣形象而躍升到道的層次。其二，鍾呂內丹道通過對各種原初內丹流派的整合，建立起一種體系化的內丹之道。早期內丹道法多係一種單門法訣，在訣與訣，法與法之間缺少有機的聯繫，這就使得內修者難以循序而進，鍾呂內丹道之問世，一掃此前內丹道單法、孤訣之現象，使其環環相扣，訣訣貫通，觀之恰如一個渾然天成的整體。他們以天人合一思想爲基礎，以陰陽五行學說爲核心，以煉形、煉氣、煉神爲方法，系統地把

〔註27〕張廣保：《唐宋內丹道教》，上海：上海文化出版社2001年版，第162頁。

前人內丹修煉方面的一些零零星星的思想片段總結、糅合在一起，較爲具體地界定了一些從外丹燒煉中移植過來的內丹學術語，系統地闡述了功法步驟和驗證階次，初步建立了內丹學理論體系，爲後來內丹學的發展奠立了堅實的基礎。其三，早期內丹道各流派由於大都脫胎於道教各種傳統的內修方術，因此難免保有各自母體的胎記，而使自身的形象顯得隱晦不明。鍾呂內丹道派通過對道教各種傳統內修方術的尖銳批評，將內丹道與道教各種傳統內修方術嚴格區分開來。通過這一舉動，他們就使得內丹道擁有一種屬於自身的嶄新的形象，從而不再與各種傳統的內修術牽扯在一起，混淆在一起。正是由於上述三個方面的理論建構工作，鍾呂內丹道雖然晚於一些原始內丹派顯世，但卻後來居上，發展到宋以後，甚至是一枝獨秀。其灼然之光輝如同日月顯空，將早期各內丹流派之螢螢星光全然淹沒，以致人們現今談及內丹道之歷史流變時，往往只知鍾呂，而不及鍾呂之前還存在其他不少的原始內丹流派。

施肩吾是呂洞賓的弟子，他在道教史上地位的確立，得益於他對鍾呂內丹道經典的整理與傳播，以及對內丹道的完善所做的思想貢獻。施肩吾內修思想之路，一同於鍾呂內丹道建丹道於天道基礎上，以天人同構論爲丹道建立形上依據。施肩吾的內丹修煉之道就是以元氣之大運、小運說而展開的。經過施肩吾的工作，鍾呂的內丹道變得更加成熟，更加具有系統性和學術性。

陳摶則是道教內丹史上的一位關鍵人物，他的內丹思想主要淵源於鍾呂。陳摶內丹思想的核心在於以陰陽交感的觀點闡明宇宙萬物之生成，陰陽乃是宇宙萬物變化之所由來的根基。在其《陰眞君還丹歌訣注》中，陳摶說道，「天爲陽，地爲陰，左爲陽，右爲陰，夫妻也。在身，上丹田爲陽，下屬陰，含養四時，運動五行，天地交感，百物自生。日含月，自然光明，月含日，自然生星宿。夫順妻和，遂生男女。」在陳摶看來，陰陽的變化含養了四季的變換，也推動了五行的運行，從而使萬物從中孕育而生。這種思想直接啓發了宋元理學的宇宙生成論思想。據《四庫全書總目》卷三載朱震《漢上易集傳》云：「敘圖書授受，謂陳摶以《先天圖》傳種放，更三傳而至邵雍。放以《河圖》、《洛書》傳李溉，更三傳而至劉牧。穆修以《太極圖》傳周敦頤，再傳而至程顥、程頤。厥後，雍得之以著《皇極經世》，牧得之以著《易數鈎隱》，敦頤得之以著《太極圖說》、《通書》，頤得之以述《易傳》。」這段話說明，不論是邵雍的象數易學，還是周敦頤、二程的思想體系，均受陳摶

的啟示而建構，並且在陳摶的思想影響下從論述宇宙萬物的生成而展開他們的思想學說。關注心，強調修心，是陳摶內丹思想的又一大特點。他認為，「仙在心，心失養」，便不能返老還童；相反，「揚盡葛藤心自瑩，存胎胎就聖功圓。」主張成仙在於養心，獨特之處在於，陳摶把這一主張與內丹修煉的實際結合起來，把心與性、情、意、識聯繫起來，具體地闡明了它們之間的關係。他說：「心統性、情。性如海水，情如流，意如瀾，識如波。」「心統性情，又兼意識。」修心的內容包括性、情、意、識，也包括「善惡」道德修養、行為、性格等「本於心田種子」的素質。根據上述主張，在內丹修煉中，陳摶很關注心性修煉，強調「捐情去欲，靜篤歸根」，依次超越「頑空」、「性空」、「法空」、「真空」四個階段，達到「不空」而成仙的境界。在陳摶看來，「頑空」、「性空」都是錯誤的。「法空」是得道的初階，「真空」是神仙的境界，大致相當於內丹的煉氣化神、煉神還虛的兩個階段。「不空」是最高的境界，相當於後世丹家所言的粉碎虛空的階段，這是陳摶力圖吸收禪宗思想來解說內丹的修煉境界。

　　陳摶之後，闡揚內丹道最為得力的高道是天台人（今屬浙江天台人）張伯端，字用成，號紫陽真人，歷北宋太宗、真宗、仁宗、英宗、神宗五世，「幼親善道，涉歷三教經書，以至刑法、書算、醫卜、戰陣、天文、地理、吉凶、死生之術，靡不留心詳究。惟金丹一法，閱盡群經及諸家歌詩、論、契。」〔註28〕張伯端的內丹思想來源於鍾呂內丹道而又另具時代特色，是鍾呂內丹道在新時代的發展與創新。張伯端積極順應「三教合一」的時代主流，認為性命雙修，先命後性乃修道登真之不二法門。「老釋以性命學，開方便門，教人修種，以逃生死。釋氏以空寂為宗，若頓悟圓通，則直超彼岸。如有習漏未盡，則尚徇於有生。老氏以煉養為真，若得其要樞，則立躋聖位；如其未明本性，則猶滯於幻形。其次《周易》有窮理盡性至命之辭，《魯語》有『毋意、必、固、我』之說，此又仲尼極臻乎性命之奧也。然其言之常略而不至於詳者何也？蓋欲序正人倫，施仁義禮樂之教，故於無為之道，未嘗顯言，但以命術寓諸易象，性法混諸微言耳。至於莊子推窮物累逍遙之性，孟子善養浩然之氣，皆切幾之。……豈非教雖分三，道乃歸一。奈何後世黃緗之流，各自專門，互相非是，致使三家宗要，迷沒邪歧，不能混一而同歸

〔註28〕《悟真篇‧自序》，《道藏》第 2 冊，第 914 頁。

矣！」〔註29〕在張伯端看來，儒家雖隱含性命之旨義，然因過於執著於倫常之道，致使性命之旨混諸微言；佛教之頓悟圓通，固然可以直超彼岸，然若煩惱業因不盡，亦只能固守於有生；惟有內丹道教養命固形，「性命兼修」，達本明性，「為最上乘法」。

　　張伯端認為，金丹為修真之至道，但修道的順序應該是先命後性，「命」即生命，修命即在於求長生；「性」即「本源真覺之性」，亦即「本心」，某種意義上修「性」就是修「心」。張伯端感於「今人以道門尚於修命，而不知修命之法」，著《悟真篇》闡發內丹道修煉次序，先述命功，承接傳統內丹學說，將修命內煉之術建基於天人同構的基礎之上，身內煉丹，取法天地自然：「萬卷仙經語總同，金丹只此是根宗。依他坤位生成體，種向乾家交感宮。」〔註30〕《悟真篇》用隱晦的詩詞闡述了在人身之內煉就金丹之秘訣，而內煉之法術要旨在於「逆以成丹」，返本歸元，與道合一。儘管張伯端認為修命在整個修道過程中是最重要的程序，但修性也貫於命功的每一步，換言之，性功和命功是相互關聯、水乳交融的兩種修持功夫，「學道之人，不通性理，獨修金丹。如此，既性命之道未修，則運心不普，物我難齊，又焉能究竟圓通，回超三界。」〔註31〕修性即修心，「欲體夫至道，莫若明乎本心。故心者道之體也，道者心之用也。人能察心觀性，則圓明之體自現，無為之用自成，不假施功，頓超彼岸。此非心境朗然，神珠廓明，則何以使諸相頓離，纖塵不染，心源自在，決定無生者也哉。」〔註32〕內丹修煉過程中，須做到澄心靜慮，煉己制心，進入一種湛寂澄明之境界，使心靈從物欲與雜念中超拔出來，方談得上命功之逆煉成丹。「見了真空空不空，圓明何處不圓通。根塵心法都無物，妙用方知與物同。」〔註33〕這裡不難看出，張伯端的「持心」功夫與天台宗「戒定慧」說相彷彿，他自己宣稱，「夫戒定慧者，乃法中之妙用也。……夫其心境兩忘，一念不動曰戒；覺性圓明，內外瑩徹曰定；隨緣應物，妙用無窮曰慧。此三者，相須而成，互為體用。或戒之為體者，則定慧為其用；定之為體者，則戒慧為其用；慧之為體者，則戒定為

〔註29〕《悟真篇・自序》，《道藏》第 2 冊，第 914 頁。
〔註30〕王沐：《悟真篇淺解》卷上，其十六，北京：中華書局 1990 年版，第 28 頁。
〔註31〕《紫陽真人悟真篇拾遺》，《道藏》第 2 冊，第 1030 頁。
〔註32〕《悟真篇後序》，《道藏》第 2 冊，第 968 頁。
〔註33〕《悟真性宗直指・圓通頌》，王沐：《悟真篇淺解》，北京：中華書局 1990 年版，第 188 頁。

其用。三者未嘗斯須相離也。」〔註34〕張伯端直接援佛尤其禪宗入道，對後世內丹學尤其全真道的發展影響深遠。

南宋內丹道大家白玉蟾構築了一條內丹道南宗的傳法世系，此即鍾呂－張伯端－石泰－薛道光－陳楠－白玉蟾，這其中問題頗多，學界也多有爭議，值得再商討。但自張伯端至白玉蟾的南宗五祖的傳法譜系應該還是可靠、可信的。在張伯端到白玉蟾之間，陳楠的作用不可小覷。陳楠，字南木，號翠虛，惠州（今廣東惠州人），生活於南宋中後期，在內丹道的思想發展過程中，他承前啓後，有總結，也有創新。如煉丹之要，在於靜定中尋得真汞鉛即元神、元精。「千句萬句會一言，教人只去尋汞鉛。二物採入鼎中煎，夜來火發崑崙山，……採之煉之未片晌，一氣渺渺通三關。三關往來氖無窮，一道白脈衝泥丸……一條徑路入靈真，分明精裏以氣存，漸漸氣積以生神，此神乃是天地精，純陽不死爲真人。」〔註35〕儘管陳楠承接祖師張伯端的主張修道程序應爲先命後性，但也強調修性在整個過程中的獨特作用，靈明獨具的心在煉精化氣中扮演著相當重要的角色。「天以斗爲機，人以心爲機。天機運於陰陽，人機則成大道。大道者無爲也，無爲性不亂。性不亂則神不移，神不移則精不散，精不散則氣不蕩，氣不蕩則精火相隨，精火相隨，萬神聚於神鄉，在於崑崙之內，朝於頂上，始得一氣之造化也。」〔註36〕故而心性靜定功夫又是修道的基礎，「但能凝然靜定，念中無念，工夫純粹，打成一片，終日默默，如雞抱卵，則神歸氣復，自然見玄關一竅，其大無外，其小無內，則是採取先天一氖以爲金丹之母。勤而行之，指日可與鍾、呂並駕矣。」〔註37〕毫無疑問，陳楠在此援禪入道，將禪宗的頓悟引入內丹道的修煉功夫之內，堪謂內丹道在南宋的新發展。

白玉蟾是陳楠弟子，南宋末年人，他繼承其師的內丹思想，形成了其獨特的內丹理論與修道功夫。在援禪入道方面，較之其師更進一層，直接襲取禪宗頓悟說以充實內丹道的性功構思，「丹者，心也。心者，神也。陽神之一謂陽丹，陰神之一謂陰丹，其實皆內丹也。」〔註38〕「夫人之心本自圓通，

〔註34〕《悟真篇拾遺》，《道藏》第 2 冊，第 1030 頁。
〔註35〕《修真十書》卷三，《紫庭經》，《道藏》第 4 冊，第 613 頁。
〔註36〕《修真十書》卷三，《陰符髓》，《道藏》第 4 冊，第 615 頁。
〔註37〕《修真十書》卷四，《修仙辨惑論》，《道藏》第 4 冊，第 618 頁。
〔註38〕《海瓊白真人語錄》卷一，《道藏》第 33 冊，第 112 頁。

本自靈寶，本自正一，本自混元。以人之一心而流出無窮無盡之法，蓋如天之一氣生育萬物也。」〔註39〕既然如此，內丹功法成功與否，關鍵就在於心性的錘煉，修煉過程始終是心性砥礪提高的過程，所以從某種角度上講，主體開悟即爲得道之樞機。「師示眾云：從生至死，只是者個條條，倩你剝落。各要灑灑而歸，做得主，把得定，牢籠不肯住，呼喚不回頭。常光現前壁立萬仞，孤迥迥，峭巍巍，圓陀陀，光礫礫，臨崖撒手，自肯承當，絕後再蘇，欺君不得。若能恁麼，方說得人能常清靜，天地悉皆歸。所以道天地與我同根，萬物與我同體。無苦寂滅道，無作上任滅，且道作麼生道，癡人面前，不得說夢。」〔註40〕這樣，白玉蟾就有將修道歸源於修心的思想傾向。

　　宋金之際，王重陽甘河證道（金正隆四年，西元 1159 年），比南宗祖師張伯端成都遇仙晚了整整九十年。肇始於晚唐五代的鍾呂系內丹學，經過一百多年的演化發展，已漸趨完備，整體上的突破也醞釀成熟。從源頭上看，金丹南宗和金丹北宗雖然都淵源於鍾呂系內丹學，但蜂屋邦夫先生則認爲，王重陽在很大程度上受北宋內丹道集大成者張伯端的間接影響較大。〔註41〕在金丹南宗的發展史上，張伯端援禪入道乃至「道禪合一」的思想最爲明顯。張伯端說：「切以人之生也，皆緣妄情而有其身，有其身則有患，若其無身，患從何有」，〔註42〕這裡更多是採用了佛家的緣起說，當然已經顯露出他試圖融合佛、道的傾向。張伯端融會佛、道的傾向，在另一處表現得更加明顯，他說：「從來萬法皆無相，無相之中有法身，法身即是天眞佛，亦非人兮亦非物，浩然充塞天地間，只是希夷並恍惚。」〔註43〕這裡「希夷」、「恍惚」無疑是道家用來描述本根的詞語，在張伯端這裡，被等同於佛家的法身。當然，不論張伯端如何試圖會禪道於一爐，在萬物化生方面仍主要持緣起說，這一點可以用來解釋爲何他比陳楠和白玉蟾等人更重視慧覺之「性」。從石泰到白玉蟾，南宗最終又回覆到原始道家的立場，即更多地是從生成論而不是緣起論的角度看待萬物之生成、化生。而以重陽爲祖師的全眞道則遙承了張伯端援禪入道的努力，在對於人與萬物產生根源的看法上，更多採用佛家的緣起性

〔註39〕　《海瓊白眞人語錄》卷一，《道藏》第 33 冊，第 113 頁。

〔註40〕　《海瓊白眞人語錄》卷四，《道藏》第 33 冊，第 130 頁。

〔註41〕　王禹浪：《蜂屋邦夫與〈金代道教的研究〉》，哈爾濱：《黑龍江民族叢刊》1995年第 3 期。

〔註42〕　《悟眞篇後序》，《道藏》第 2 冊，第 968 頁。

〔註43〕　《悟眞篇·禪宗歌頌》，《道藏》第 4 冊，第 747 頁。

空論。如王重陽說「胎生卵濕化生人，迷惑安知四假因；正是泥團為土塊，聚為身體散為塵」，〔註44〕一切人物的產生，就像泥土聚成土塊一樣，是假合而成，並不真實。馬丹陽說「一切男女，從無始己來，為種種恩愛貪欲，不出輪迴世界；一切胎卵濕化，種種性相，皆因愛欲而生性命，性因愛而生，命因欲而有，皆因愛欲而起逆順、生嫉妒，從此輪迴，綿綿不斷。法言：欲淨其土，當淨其心，若心清淨，輪迴自息。」〔註45〕一切生物都是由於貪欲而入生死輪迴，這樣一來，「生」與「死」一樣，都是無自性，因而是虛幻不真、不應執著的。基於上述認識，在全真道看來，一切現世的問題，即在於對虛幻不真的外相的執著。由此，明心見性的慧覺便是解決問題的根本所在。本來的真性是覺悟的根源，得見真性，即獲解脫，所以重陽祖師言之曰「得性見金丹」。〔註46〕全真道明確提出了「性為丹」的觀念。王重陽說：「本來真性喚金丹，四假為爐煉作團；不染不思除妄想，自然袞出入仙壇。」〔註47〕「真性」又被稱作「元初」，如說「唯許元初自討論」、〔註48〕「元初光彩決重收」，〔註49〕所謂「元初」也就是「父母未生時真性本來面目」。真性是互劫長存的，沒有生滅增減的。作為人最根本的存在依據，真性也是人長生的根由，故又被稱作「互劫容顏」。真性是人人全具的，王重陽說：「家家有性現精研」。〔註50〕金丹的修煉過程就是將人人全具的真性從「愛欲」的蒙蔽下解脫和彰顯出來。對此，《重陽全真集》有非常明確的論述：「如金如玉又如珠，兀兀騰騰五色鋪，萬道光明俱未顯，一團塵詬盡皆塗。頻頻洗滌分圓相，細細磨揩現本初，不滅不生閉朗耀，方知卻得舊規模。」「本初」真性的「萬道光明」之所以未能彰顯，是因為被塵詬所蒙蔽，在經過「磨揩」、「洗滌」的修煉功夫後，其「不滅不生」的朗耀本性才能恢復元初的狀態，即所謂「舊規模」。這種對性的認識，很接近於宋明理學中程朱一派的說法。朱子也曾經用寶珠在濁水之中來比喻本性之被蒙蔽。元初道士李道純，由金丹南宗而入全真教，以儒家「十六字心傳」釋道之心性，又用禪宗的清妄念、幻緣之說講述修仙之道，在其代表

〔註44〕《重陽全真集》卷二，《道藏》第 25 冊，第 703 頁。

〔註45〕《丹陽真人語錄》卷上《道藏》第 23 冊，第 704 頁。

〔註46〕《重陽全真集》卷九，《四得頌》，《道藏》第 25 冊，第 740 頁。

〔註47〕《重陽全真集》卷二，《金丹》，《道藏》第 25 冊，第 701 頁。

〔註48〕《重陽全真集》卷一，《王公問五門》，《道藏》第 25 冊，第 691 頁。

〔註49〕《重陽全真集》卷十，《於公求詩》，《道藏》第 25 冊，第 741 頁。

〔註50〕《重陽全真集》卷一，《呂公求指訣》，《道藏》第 25 冊，第 697 頁。

作《中和集》中明言：「道釋儒三教名殊理不殊。」李道純的內丹學說體現了其融合南北尤其是融理和融禪的特色。

全真教以自全性命本真爲立教宗旨，以「全真」解「道」，在內丹學的基礎上融入禪宗「明心見性」的思想，又異常重視儒家的心性之說，倡導「三教一家」。尤爲難能可貴的是，全真教並非以調和三教爲目的，而是在重新開示全真之理，彰顯對於性命本源和自全性命之道的追求，用以解決戰亂社會中的安身立命問題，從而超越三教。這已經超越了神仙信仰，凸顯出內丹道的文化價值，使道教能以一種思想文化的角色與社會發生更廣闊的聯繫，同時也大大促進了儒、佛、道三教思想的融合。

第四節　「三教合一」思想成爲時代主潮

從上面的論述不難看出，儒、佛、道三教爲了各自的發展，從不同角度吸納和融攝其他二教，共同促成了「三教合一」文化現象的形成和發展。「三教合一」是對儒、佛、道三教關係的一種認知和處理方式。早在佛教傳入之初，思想界就出現了「三教合一」之說，經過魏晉南北朝時的「三教並存」，隋唐時期的「三教鼎立」，「三教合一」思想在宋元這個中國古代最發達的時期也進入了一個新的縱深發展階段，在適宜的社會歷史文化背景下，這一思想成爲整個思想界的共識，儒、佛、道三家從不同角度一致主張融合統一，系統表達了「三教合一」的思想理論。

（一）宋元儒家「三教合一」之理論特色

對於儒、佛、道三教之關係，初唐的王通提出「三教於是可一矣。」但王通的思想在當時並未引起重視，有唐一代，儒、佛、道三教基本處於「鼎足」之勢。中唐以降，韓愈等人倡導古文運動，開儒學新興運動之先河，但他對佛、道兩家學說採取簡單並粗暴的否定，而不能從中汲取可以利用的思想精華，因而，儒學復興的任務，實際上直到宋代的儒家學者那裡才得以完成。宋元儒家學者們以儒學爲本位，援佛入儒，引道入儒，將佛、道二教的本體論、宇宙論、認識論與儒家學說中固有的政治倫理學說結合起來，從本體論的角度爲封建倫理綱常提供神聖性和合法性證明，把個體的道德踐履和心性超越交織在一起，從而適應了封建中央集權在思想文化領域進行一統化政治治理的需要。

綜觀宋元時期儒學的「三教合一」思想的理論特色，有兩點需要特別指出或說明。其一，便是理學家們出入佛老，且斥且用，吸納佛、道二教思想建構了「一個治儒、釋、道三教於一爐、以心性義理爲綱骨的理學體系。」〔註51〕清人全祖望的《題眞西山集》載「兩宋諸儒，門庭徑路半出於佛老」，其實，這句話延伸至整個宋元時期都是極爲恰當的。北宋初年，出於唐代以來佛學籠罩下儒學意識的覺醒和新興的內在驅動，一些儒家學者把理論批判的鋒芒指向佛、道，如孫復的《儒辱》、石介的《怪說》、李覯的《潛書》等，但佛、道二教在中國生根、發展已有千百年歷史，它們的基本思想觀念已經滲透到民族文化心理的深層，加之佛、道二教均有較完備的思辨哲學體系和較高的理論思維水平，所謂「雖深山窮谷中婦人女子，皆爲之惑，有淪肌泱髓牢不可解者」。相較之下，儒門淡泊，大有「收拾不住」之勢。爲了突破儒學的停滯僵化，重振儒學的正統地位，宋元儒家學者如周敦頤、張載、二程、朱熹、陸九淵、吳澄等大都出入於佛老，以反佛、道爲表面旗幟，以援佛、道爲實際內容，把與佛、道的斥與用結合起來，最終建構和發展起來影響有宋以後封建社會的思想統治體系 —— 儒家理學，體現了宋元時期儒家「三教合一」思想最鮮明的思想特色。

其二，士大夫參禪戀道之風盛行，這是儒家「三教合一」思想在具體實踐中的體現。文人士大夫參禪戀道早在唐代就成爲風尚，宋元時代，此風更加熾盛，成爲當時社會生活的重要內容。作爲思想界的獨特群體，官僚士大夫以高度的傳統文化的修養和對佛、道理論的精湛造詣，在參禪學佛、儒道兼修的過程中，與禪僧詩文相酬，同隱道參玄悟道；既接受佛學影響，又注意道教方術，把三教會歸視爲一家之學的要旨，有力地推動和促進了「三教合一」思潮的發展。以蘇軾、蘇轍爲領袖，以官僚士大夫爲主體的北宋蜀學，其成員自身體現的便是儒、佛、道「三教合一」的生動形象。

（二）宋元佛教「三教合一」之理論特徵

與儒家的「三教合一」思想是在反佛老的背景下以非公開或半公開的方式消解彼此隔閡，以達到融合的方式相比，佛家的「三教合一」思想則表現得更爲直接和坦誠。

佛教在隋唐經歷了發展的全盛時期，使佛教的影響尤其禪宗對社會生活的巨大影響力至宋元猶在，即便是深受儒家思想影響的文人士大夫，在佛教

〔註51〕賴永海：《中國佛教文化論》，北京，中國青年出版社1999年版，第158頁。

的影響下，參禪悟機頗為流行。但另一方面，我們也應看到，宋元儒家中的
文人士大夫反佛勢力強大，更為重要的是儒家學者對佛教的抨擊使「釋氏之
學在學術上的地位從此一蹶不振，被長於修心養性的宋學改造之後而復興的
儒家傳統文化，再度取得了獨尊天下的地位。」〔註52〕為了減少佛教發展的
阻力，佛教徒對於儒家的攻擊採取了調和的方式以緩和相互之間的矛盾，這
是一種識時務的舉措，順應了當時「三教合一」的思想潮流。

　　契嵩是北宋時重要的「三教合一」論者，一生著書百餘卷，始終致力於
儒、佛、道三教思想之調和。其中《輔教編》三卷就是「廣引經籍，以證三
家一致，輔相其教」的。在契嵩看來，三教名目雖然不同，但目的都是「欲
人為善」的，他們的區別只在深淺和功用的不同上。「諸教也，亦猶同水以涉，
而厲揭有深淺，儒者，聖人之治世者也；佛者，聖人之治出世者也。」〔註53〕
契嵩的「三教合一」思想中最具特色的是其忠孝觀念。《輔教編》有《孝論》
十二章，意欲從理論上證明，佛教與儒家同樣遵守封建的宗法倫理。他不僅
斷然否認有關佛教不孝的一切指責，而且還嚴正宣稱，佛教在所有宗教中最
重視孝道，「夫孝，諸教皆尊之，而佛教殊尊也。」〔註54〕他還以儒家學者的
口吻指出，孝是天經地義之事，「夫孝，天之經也，地之義也，民之行也。至
哉大矣，孝之為道也夫！」〔註55〕契嵩試圖「擬儒《孝經》，發明佛意」，但
實際上是要用《孝經》思想來校正佛學，以「會夫儒者之說」，這多少也表明
了佛教本身已經具備了歸附中國傳統文化意識的意向和姿態。兩宋之際的大
慧普覺禪師認為，儒、佛、道三教在本質上互相契合，其差別只是在語言文
字的表達及實現目標的方式上。他說，「三教聖人所說之法，無非勸善戒惡，
正人心術。」〔註56〕在普覺禪師眼裏，佛教的種種高妙之理都無非是勸善戒
惡以正人心之術，他甚至號召樹立與時代要求相一致的「忠義之心」，突出表
現了當時佛教徒積極入世、輔助王化的融合心態。從上述可以看出，宋元時
期，佛教徒的三教觀與唐朝中期宗密的三教思想已有明顯差異，此時的佛教
已經無力作為與儒家並列的力量來表現自己，因而只能迎合、適應儒家思想，
清醒而明智的佛學家採取援儒入佛的方式，以主動的姿態加入宋元以儒為中

〔註52〕陳植鍔：《北宋文化史述論》，北京：中國社會科學出版社1992年版，第342
　　　　頁。
〔註53〕《輔教編中‧原教》，《大正藏》卷五二，第656頁。
〔註54〕《輔教編下‧孝論》，《大正藏》卷五二，第660頁。
〔註55〕《輔教編下‧孝論》，《大正藏》卷五二，第660頁。
〔註56〕《大慧普覺禪師語錄》卷二四，《大正藏》卷四七，第912頁。

心的「三教合一」之時代思潮中來。

（三）宋元道教「三教合一」之理論概觀

宋元是道教發展的隆盛時期，此時道教不論在教理、教義，還是思想體系上都日臻成熟和完善，建立起了以內丹爲主要內容和特色的道教理論體系——這是道教汲取和融攝儒家思想以及佛教哲理的基礎上建構起來的嶄新理論。宋元時期出現了眾多的道教理論大家，在他們的思想中有著十分突出的會通三教的思想，這既是對當時時代思潮的應和，更是道教自身發展的需要。

北宋內丹南宗祖師張伯端認爲「教雖分三，道乃歸一。奈何後世黃緇之流，各自專門，互相非是，致使三家宗要迷沒邪歧，不能混一而同歸矣。」〔註57〕依此，在其內丹理論中，他既注意吸收儒家性命之說，同時又吸取佛教禪法，認爲性和命必須雙修，在具體修煉實踐中，張伯端更明確地貫徹「三教合一」思想，「先以神仙命脈誘其修煉，次以諸佛妙用廣其神通，終以眞如覺性遣其幻妄，而歸於究竟空寂之本源矣。」〔註58〕南宗五祖白玉蟾繼續高揚「三教合一」的旗幟，謂「三教異門，源同一也。」〔註59〕他還把內丹理論與儒學、佛學聯繫起來，以說明「天下無二道」。他說：「夫修煉金丹之旨，……煉形以養神，明心以合道，皆一意也。……以此理而質之儒書則一也；以此理而質之佛典則一也。所以天下無二道也。」〔註60〕金元之際，由王重陽所創立的全眞道，其「三教合一」思想尤爲鮮明。全眞道仿傚禪宗，標榜不立文字，只注重修身養性的宗教實踐，其基本特徵就體現了「三教合一」之精神。它以明心見性、養氣煉丹、含恥忍辱、清心寡欲爲內修之「眞功」，以傳道濟世爲外修之「眞行」，認爲功行圓滿，便可以證眞成仙。它以神爲性、以氣爲命，主張性命雙修，實際上，它是道教的內丹派與佛教禪宗以及儒家理學相融攝的產物。「三教合一」思想還是王重陽立教修行之指南，他要求道徒以「太上爲祖，釋迦爲宗，夫子爲科牌」，勸人奉誦道教的《道德經》、《清靜經》，佛教的《般若心經》和儒家的《孝經》，所謂「儒門釋戶道相通，三教從來一祖風。」〔註61〕由南宗轉入全眞教的元代道士李道純，其《中和集》就是一部全面融合三教理論的著作，他說：「《易》云：原始返

〔註57〕《道藏》第 2 冊，第 973 頁。
〔註58〕《道藏》第 2 冊，第 1030 頁。
〔註59〕《道法九要序》，《道藏》第 28 冊，第 677 頁。
〔註60〕《謝張紫陽書》，《道藏》第 4 冊，第 625 頁。
〔註61〕《重陽全眞集》卷一，《道藏》第 25 冊，第 693 頁。

終，則知死生之說。丹書云：父母未生己前，是金丹之基。釋云，未有此身，性在何處？以此求之，三教入處只要原其始，自知其終。」〔註62〕「釋曰圓覺，道曰金丹，儒曰太極，所謂無極而太極者，不可極而極之謂也。釋氏云：如如不動，了了常知；《易·繫》云：寂然不動，感而遂通；丹書云：身心不動以後，復有無極真機。言太極之妙本也。是知三教所尚者，靜定也，周子所謂主於靜者是也。」〔註63〕「釋氏云：不思善，不思惡，正於怎麼時，那個是自己本來面目。此禪家之中也。儒曰：喜怒哀樂未發之謂中。道教曰：念頭不動處謂之中。此乃三教只用一個中也。」〔註64〕「爲仙爲佛與爲儒，三教單傳一個虛。」〔註65〕「太極」、「靜定」、「中」、「虛」都是三教所共傳的。李道純還通過解答釋、道可以斷輪迴、出生死，學儒可以盡人倫、不可了生死的問題，以及釋氏涅槃，道家脫胎，三教間似有差別的問題，以說明三教一理。他說：「達理者奚患生死耶？且如窮理盡性以至於命，原始返終、知周萬物則知生死之說，所以性命之學實儒家正傳。窮得理徹，了然自知，豈可不能斷生死輪迴乎？且如羲皇初畫《易》之時，體天設教，以道化人，未嘗有三教之分。故曰：皇天無二道，聖人無兩心。」〔註66〕又說：「涅槃與脫胎，只是一個道理。脫胎者，脫去凡胎也，豈非涅槃乎？如道家煉精化氣，煉氣化神，煉神還虛，即抱本歸虛，與釋氏歸空一理，無差別也。……且佛云真空，儒曰無爲，道曰自然，皆抱本還原，與太虛同體也。」〔註67〕因此，「道釋儒三教，名殊理不殊」。〔註68〕總之，李道純在闡述其主張時，或引儒、釋之理證道，或引儒、道之理證釋，或引釋、道之理證儒。他毫不隱諱地說：「引儒釋之理證道」，就是爲了要「使學者知三教本一，不生二見」。〔註69〕

此外，宋元時期，以勸人向善爲鵠的，融合了三教倫理道德思想的《勸善書》、《陰騭文》、《功過格》大量流行於社會。它們以儒家的「天人感應說」，道教的「承負說」，佛教的「因果報應」思想爲理論依據，廣泛宣揚儒家的倫理道德規範和佛、道二教的宗教倫理思想，勸人們實行儒、佛、道三家所倡

〔註62〕　《中和集》卷三，《道藏》第4冊，第496頁。
〔註63〕　《中和集》卷一，《道藏》第4冊，第482頁。
〔註64〕　《清庵瑩蟾子語錄》卷六，《道藏》第23冊，第754頁。
〔註65〕　《中和集》卷四，《道藏》第4冊，第506頁。
〔註66〕　《中和集》卷三，《道藏》第4冊，第493頁。
〔註67〕　《中和集》卷三，《道藏》第4冊，第496～497頁。
〔註68〕　《中和集》卷六，《道藏》第4冊，第520頁。
〔註69〕　《三天易髓》，《道藏》第4冊，第527頁。

揚的「善」，戒三家所認為的「惡」。其善書最大特點便是三家在道德觀念上的高度統一，哲學基礎則在於心，如《功過格》所謂「心者，萬善之源，而百行之所由出也。儒曰正心，道曰存心，釋曰明心。心正則不亂，心存則不放，心明則不蔽，三教一理也。」〔註70〕又謂：「求心之道無他，屏諸幻想，除諸惡念，獨置力於倫常而已。蓋屏諸幻想則心存，除諸惡念則心明，置力於倫常則心正而不亂，聖賢仙佛不外是矣。」〔註71〕，這樣，道教的「三教合一」思想逐漸向社會推及。

第五節　「三教合一」思想中的心性旨趣

宋元是中國思想界儒、佛、道三教的融合時期，三教雖別樹新義，「各道其所道」，自立新說，然究其寓於變革、轉化中的思想意趣，當不越出「心」、「性」二字。實際上，這一點明代道書尹真人高弟所著的《性命圭旨》已經言及，其卷一《人道說》謂：「要而言之，無非此性命之道也。儒曰『存心養性』，道曰『修心煉性』，釋曰『明心見性』。心性者，本體也。儒之執『中』者，執此本體之『中』也。道之守『中』者，守此本體之『中』也。釋之空『中』者，本體之『中』本洞然而空也。道之得『一』者，得此本體之『一』也。釋之歸『一』者，歸此本體之『一』也。儒之『一』貫者，以此本體之『一』而貫之也。〔註72〕道書《性命圭旨》正是從核心精神上來把握宋元「三教合一」思潮的，我們認為這種「把握」是適切的。從儒、佛、道三教發展的內在因素來考察，如果說魏晉南北朝「三教並存」時，各家對三教的認識還只是停留在政治教化功能的一致性上，以此為前提而主張「三教合一」的話，那麼隋唐時期的「三教鼎立」則已經開始了理論上的融合、滲透，儘管還只是局限在某些方面，也不夠深入，但這畢竟預示著三教關係發展的前景和方向：由淺層次的三教同歸於善、同歸於治向深層次的宇宙本體論、心性論的融合。

心性之學是孔孟儒學所固有的思想，如果說「仁」在孔子那裡還主要是一種修身原則和調節與他人關係的倫理規範，孟子則把它與人的「心」、「性」聯繫在一起，以心中的「善」釋「仁」，又以「善」為天所賦予人的本性，在

〔註70〕《藏外道書》，第 12 冊，第 71 頁。
〔註71〕《藏外道書》，第 12 冊，第 71 頁。
〔註72〕《性命圭旨》，《藏外道書》第 9 冊，第 510 頁。

天人合一基礎上講心性論，《中庸》則將這一思想系統化。漢唐諸儒重天道罕言心性，這一點被後儒視為聖學失傳，「性道微言之絕久矣」，事實上，此心性之學在漢唐儒學中雖幽隱不顯，但其潛在的影響依然存在，並直接影響了佛教中國化的進程。佛教心性論正是傳統儒學心性論與玄、佛本體論相融通的結果。受此影響，佛教所發生的歷史性轉折始於晉宋之際的竺道生。受中國傳統儒道文化浸染的道生，孤明先發，提出「一切眾生悉有佛性」的佛性說以及「頓悟成佛」的解脫論，已把抽象的佛性本體植根於或內化於現實的人性之中。這和儒家的「人皆可以為堯舜」及「性善論」一脈相通。隋唐時期，佛教宗派林立，言佛性雖不盡相同，但有些宗派如天台、華嚴仍受其影響，亦用佛性言人性和心性。如華嚴宗「無一眾生而不具如來智慧」，即眾生都有成佛的根據，只是由於「迷真起妄」，佛性不能顯現，只要轉迷開悟即可見性成佛。這就把抽象的本體「真心」落實到具體的人性之中。中唐以慧能為代表的禪宗南宗的興起，由於它融入大量儒學心性論，故實現了佛教史上的一次革命。南宗所主張的「即心即佛」、「見性成佛」、「不立文字」、「直指本心」等，突出了主體的「自心」、「自性」。禪宗認為佛與眾生之區別，只在「迷」「悟」之間，迷悟主體，惟在「自心」。「自心」、「自性」即為自我的本質所在。這就把中國傳統的內向性自反思維體現在成佛的途徑中，從而高揚了人的主體性，使人在一定程度上獲得了精神之自由。正是心性論促使禪宗從經院佛教走向了世俗化的道路——提出一種既不失宗教情感而又簡捷易行的成佛得解脫之路。禪在中唐乃至宋元影響較大，甚至成為佛教之代名詞，就與這種世俗化品格有關，而這種世俗化之路是以心性論為基礎和中介的，從某種意義上來說，佛之歸於禪，就是由外在的佛性歸於內在心性這一思維所驅動的。正是於此，佛教尤其禪宗也正是從心性歸趨上來理解「三教合一」的。大珠慧海的「量者用之即同，小機者執之即異。總從一性上起用，機見差別成三。迷悟由人，不在教之異同。」可見，心性論是佛教「三教合一」思想的旨趣，也是佛教中國化的基本路向。

　　汲取儒學心性論影響的佛教心性論，反過來又刺激和影響了儒家心性論的發展，這也符合文化交流、影響的雙流規律。中唐李翱《復性書》「以佛理證心」，重倡之前隱而不明之儒家心性論，儒學新興之路開始。至張載、二程等大儒出，闡發心性義理之精微的「聖學」才得以大興。張載提出「大其心」以「合天心」，「大其心」即擴充自己本心以「知性」、「知天」，從而

達到天人物我一體之境界。二程主「心即性」、「性即理」，強調「養心」、「居敬」、「涵養」。此後，朱熹雖以「理」為本，但仍贊同二程的「性即理」和張載的「心統性情」，稱此「二句顛撲不破」。〔註73〕由於朱熹強調有絕對外在之「天理」，（「萬一山河大地都陷了，畢竟理卻只在這裡」）並主張通過「即物窮理」來認識「天理」，雖然朱熹並未排斥人的心性，（「窮理中自有涵養工夫」）也主張通過在「即物究理」基礎上的「豁然開通」來達到「吾心之全體大用無不明」。在陸九淵看來，此還是將「心」與「理」析為二，陸九淵則主張將「理」直接安置在人的「心」中，指出「人皆有是心，心皆具是理。心即理也。」〔註74〕此後，王陽明則進一步揭破朱熹「析心與理為二」之弊，並指出他的「格物」之功難以與「誠意」、「正心」的倫理實踐統一起來，遂以「致良知」深化了陸氏的「心即理」，這正是陽明心學的邏輯起點。陽明從朱熹的「外心以求理」轉而為「求理於吾心」，並通過主體「致良知」、「知行合一」的心性修養和倫理實踐，使以「心」為本體的道德形而上學終於建立起來。反觀陸王心學，不難發現，其所走的正是融攝三教而歸致於心性的道路。陸王心學把人的「心」提高到宇宙萬物本體的高度，這就給人的「心」賦以最大限度的主動性，從而高揚了人的主體性；同時他以「心」中之「良知」為是非標準，不迷信權威，不崇尚經典，這對人也有精神解放之作用。

宋元時期，道教也走上了融攝三教而歸致於心性的道路。晚唐五代，外丹術漸趨沒落，而代之以鍾離權、呂洞賓一系的以內養精、氣、神為目標的內丹修煉術。北宋張伯端《悟真篇》是內丹學成熟的重要著作，其中融攝儒、佛心性理論多見。金元之際，全真道崛起，全真道繼承了鍾呂內丹之學，同時又融入禪宗的「明心見性」，使傳統的修煉方式轉向了內在心性修養之軌道。《重陽授丹陽二十四訣》謂修仙者應「先求明心，心即是本，道即是心。」又《重陽全真集》「識心見性通真正」，「明心」即明自己本心，「見性」即見自己「真性」，由此，在修煉實踐中強調「先性後命」、「性命雙修」的原則，即以明心見性為修煉之首務，養氣修身為其次，從而突出了心性原則和精神修煉。這種融三教義理、突出心性的思想歸向，使其具有亦道亦禪，「非儒非釋」（陳垣語）的特徵。由於全真道具有如此強烈的包容性，同時又表現出明

〔註73〕《朱子語類》卷五，北京：中華書局1986年版，第93頁。
〔註74〕《雜著》，《陸九淵集》卷二二，北京：中華書局1980年版，第273頁。

顯的世俗性，故全真道成為金元及其後影響最大的道派之一。此外，即便當時一些道教符籙派也未能超越內在心性轉化的時代主旋，如元代劉玉所開新淨明道「以本心淨明為要，而制行必以忠孝為貴」。關於三教義理歸於心性這一點，明清時一些內丹家也多看出。宋元「仙源流到全真海」絕非偶然，這固然是三教義理融合在道教演化中的表現，也說明主體由外在探索向自心識見的趨向帶有某種必然性。從儒、佛、道各自的發展道路及三教之間的交互融攝來看，三教各自歸於心性，也在總體上歸於心性。「三教合一」思潮所展現出來的道德形上學建構中的意義深化即從外在規範、秩序、道體而深入人精神生活內在根據的路徑，也正是不斷把人的「內向觀察」凸現出來的進程。三教從外在追求走向內在融合、超越的思維路徑，不僅是文化的自身發展規律使然，更應該看作是中國傳統文化的核心精神即內在超越的精神。不過，三家「三教合一」之旨趣，雖可用「心性」二字以蔽之，但對「心性」的理解上，還是有相當大的理論差異的：儒家理學所言之「心性」，更多是一種道德本體意義上的「心性」，佛教禪宗歸趨之「心性」則是一種「不思善、不思惡」的超道德本體意義上的「心性」；而道教尤其宋元道教在討論「心性」問題時重視性命、身心間的融合、雙修，使用的概念、範疇都是兩兩對應、環環相扣的圓融系統，所以其「心性」視野要比佛教禪宗更為開闊，比儒家理學更為飄逸。

第二章　兩宋道教「三教合一」思想的心性化

第一節　「於羲皇心地中馳騁」
——陳摶開宋元道教「三教合一」之新風

　　陳摶是五代宋初的一個頗具神奇色彩而又有重要影響的道教人物。近些年來，對他的研究包括籍貫、生卒年月、身世、與趙宋皇室之交往、學術創獲、學術傳承等諸多方面，成果也頗爲豐富。〔註1〕在眾多研究成果中，學者們集中論述了陳摶的無極圖學、先天易學，而對陳摶順應時代主潮，吸收和融攝儒、佛二家學說尤其是心性理論，初步建構起以內丹學爲主要內容、「三教合一」爲主要特點的道教理論和實踐的新體系，雖有涉及，仍需進一步的探討和闡發，以眞正彰顯陳摶「在道家道教學術史上，實是一個傳微繼絕，繼往開來的關鍵人物。」〔註2〕不僅如此，陳摶的內丹修煉理論及其方法原則、

〔註1〕　如唐代劍：《陳摶、張守眞事迹考》，《中華文化論壇》，1996 年第 2 期；劉聯群：《陳摶故里考證綜述——兼與唐代劍先生商榷》，《中華文化論壇》，1997年第 2 期；徐兆仁：《宋史・陳摶傳旁考》，《史學月刊》，1999 年第 1 期；白效詠：《陳摶與趙宋皇室之交往考析》，《蘭州學刊》，2006 年第 6 期；王宜娥：《略述陳摶道教思想及其影響》，《北京圖書館館刊》，1998 年第 3 期；劉聯群等：《陳摶先天易學在中國文化史上的地位和作用》，《中華文化論壇》，1995年第 2 期等。此外，還有蕭天石、李遠國等學者的專著問世。
〔註2〕　盧國龍：《論陳景元的道家學術》，陳鼓應主編：《道家文化研究》第 19 輯，北京：三聯書店 2002 年版。

思想學術對宋元道教乃至整個中國傳統哲學都產生深遠的影響。陳摶之所以能對中華歷史文化作出如此之貢獻，一方面是與「希夷之卓絕淵微，更有足驚者……胥不可以方外少之」〔註3〕的個人稟賦分不開；更重要的是，與陳摶能夠積極順應時代潮流，「淹通三教」與「於羲皇心地中馳騁」的大膽懷疑和創新變革精神分不開的。

一、陳摶生平及其著述

陳摶，字圖南，亳州真源（今安徽亳州市境）人，自號扶搖子，先後被皇帝賜號清虛處士、白雲先生、希夷先生。關於陳摶的生年，因史書無確切記載，只能根據其卒年及一些相關資料進行推算。《宋史·陳摶傳》記載：「端拱初，忽謂弟子賈得升曰：『汝可於張超谷鑿石為室，吾將憩焉。』二年秋七月，石室成，摶手書數百言為表，其略曰：『臣摶大數有終，聖朝難戀，已於今年二月二十二日化形於蓮花峰下張超谷中。』如期而卒，經七日肢體猶溫。有五色雲蔽塞洞口，彌月不散。」〔註4〕這是正史關於卒年的確切記載，據此陳摶應卒於宋太宗端拱二年（西元989年），元代趙道一的《歷世真仙體道通鑒》也認為陳摶卒於宋太宗端拱二年，享年一百一十八歲。據此，可推知陳摶生於唐懿宗咸通十二年（西元871年）。

陳摶家世無考，即便有記，也頗多神話、神奇色彩，不足予信。趙道一的《歷世真仙體道通鑒》記載，陳摶「生而不能言，俟四五歲戲渦水之濱，有青衣老嫗召置懷中乳之，自是能言，聰悟過人。及長，經史一覽無遺。」〔註5〕考之《宋史·陳摶傳》，此處記載大體不差，均言及陳摶四、五歲時得青衣老嫗很好的照料，才開始顯示稟賦之聰穎，此後讀經史百家之書，「一見成誦，悉無遺忘」，並且「才學橫溢，頗負詩名」。《宋史·陳摶傳》和趙道一的《歷世真仙體道通鑒》卷四七均有記載，陳摶於後唐長興（西元930～933年），「舉進士不第」，從此一改往志，不求仕祿，而以山水為樂。在肆意恣情於山水之間時，遇隱士孫君仿、鹿皮處士，經二人指點，前往武當山九室岩隱居，從此開始了由儒轉道的生涯，歷時二十餘年，其間接觸到了丹道之學，並被深深吸引。《宋史·陳摶傳》記載：陳摶「服氣辟穀歷二十餘

〔註3〕 蒙文通：《古學甄微》，成都：巴蜀書社1987年版，第86頁。
〔註4〕 《隱逸·陳摶傳》，脫脫等：《宋史》第38冊，北京：中華書局1985年版，第13420～13421頁。
〔註5〕 趙道一：《歷世真仙體道通鑒》，《道藏》第5冊，第367頁。

年，但日飲酒數杯」，後又「移居華山雲臺觀，又止少華石室」。華山雲臺觀爲古眞煉丹成道之地，陳摶擇地此處，很有可能出於師友間的相約，其師友眾多，見於文獻記載的就有麻衣道者、鍾離權、呂洞賓、女眞毛女、白麻先生、《化書》作者譚峭，還包括上述孫君仿、鹿皮處士等人。這些人隱迹深山、密相往還，少爲世人所知；也正是這些人，修爲很深，對於道教內丹理論和實踐方法的總結多有貢獻，陳摶與之交往，學術上多有磨礪和激蕩，並最終成爲這一高隱學術圈之集大成者。

陳摶雖隱居山林，但仍非常關心政治和時局的發展，和所有人一樣厭「五季離亂」，渴望一個安寧、穩定的生活環境。陳摶是一個有遠大抱負，胸懷治國平天下之宏志，熱衷於建功立業的人，據說他曾攬鏡自照「非仙即帝」。〔註6〕陳摶一生雖沒找到合適的施展才能的政治舞臺，但其與世無爭、不貪富貴、不求仕祿的博大胸懷、過人的學識以及高深的道行修爲，不僅受到士大夫的仰慕敬重，即便如宋代理學集大成者朱熹在《寄陸子靜》書中也「幸叨祠祿，遂爲希夷直下諸孫，良以自慶」；而且還成爲帝王將相爭相籠絡之對象，而與王朝關係密切：陳摶於後周、北宋均受過帝王召見。陳摶雖以丹道見長，但他深受儒家思想浸染而形成的經世致用、兼濟天下的政治理想並未改變。例如，後周世宗柴榮曾經向陳摶請教黃白煉養之術，他回答非常直接和乾脆：「陛下爲四海之主，當以致治爲念，奈何留意於黃白之事乎？」〔註7〕濟世安民、重視社會現實等儒家觀念可謂一覽無餘。後來，宋太宗趙匡義、宰相宋琪向陳摶請教玄默修養之道，他的回答也是如此類似：「正君臣協心同德，興化致治之秋，勤行修煉，無出於此。」〔註8〕

陳摶一生著述豐贍：《宋史·陳摶傳》稱其「著《指玄篇》八十一章，……又有《三豐寓言》及《高陽集》、《釣譚集》，詩六百餘首。」《歷世眞仙體道通鑒》指出他還著有「《入室還丹詩》五十首，又作《釣譚集》萬餘字。」〔註9〕此外還有《無極圖》、《太極圖》、《先天圖》、《河圖》、《洛書》、《易龍圖》、《正易心法注》、《陰眞君還丹歌注》等傳於世。上述著述歷代學者對其眞僞頗多爭議，經當代學者如李遠國、劉國梁、盧國龍等人考證，均屬陳摶著作，但大多亡佚，留存於世的有《易龍圖序》、《觀空篇》等。

〔註6〕 《太華希夷志》，《道藏》第 5 冊，第 735 頁。

〔註7〕 《太華希夷志》，《道藏》第 5 冊，第 735 頁。

〔註8〕 《太華希夷志》，《道藏》第 5 冊，第 735 頁。

〔註9〕 《歷世眞仙體道通鑒》，《道藏》第 5 冊，第 368 頁。

二、陳摶開宋元道教「三教合一」之新風

　　歷經南北朝、隋唐五代，至宋「三教合一」思想日趨成熟並成爲一股強大的時代主潮。陳摶順應時代潮流，熟讀儒、佛、道三家著作：「經史百家之言，一見成誦，悉無遺忘」，〔註10〕「詩、禮、書、數及方藥之書，莫不通就」，〔註11〕以及對《老子》、《莊子》和佛學義理的精通和認知。如此深厚的諸家學說重要知識的積澱，爲他融攝儒、佛、道三教奠定了比較堅實的理論基礎；更難能可貴的是，「當於羲皇心地中馳騁，無於周孔言語下拘攣」〔註12〕的觀點，實開宋學「我注六經」的新風氣，爲各種新的思想、新的學派的形成 ── 如先天易學、道教內丹學、宋元理學等開闢了一條條蹊徑。正是從這點出發，周敦頤、邵雍、張載出入儒道，二程出入佛老，陳景元、張伯端融合三教要旨，流風所被，眾賢紛從，從而誘發了宋元學術思想的新氣象。陳摶以道教思想爲核心、本位，吸收和融攝儒、佛二家的思想，而成爲「北宋三教合流的首倡者」。〔註13〕他力圖把儒家的正心、誠意、修身等心性涵養功夫，與黃老清靜無爲的修煉方法和佛教「即心即佛」的佛性禪理融合在一起，奠定了宋元道教「三教合一」思想的基本格局與主要內涵。

（一）融合儒道，創先天易學

　　就現有資料來看，陳摶的思想主要是老學、內丹學和先天易學三個部分，其中尤以內丹學和先天易學爲其主要學術成就。陳摶致力於精神領域的探求，欲窮宇宙之奧妙，深研易學之玄理，融合儒道，創立以《先天圖》、《無極圖》、《易龍圖》爲主體的先天易學。《佛祖統紀》記載：「處士陳摶，受《易》於麻衣道者，得所述《正易心法》四十二章，理極天人，歷詆先儒之失。摶始爲之注。及受河圖、洛書之決，發《易》道之秘，漢晉諸儒如鄭康成、京房、王弼、韓康伯皆所未知也。」〔註14〕這一說法未必可靠，但他好「易」，《宋史·陳摶傳》中是有明確記載的。

　　陳摶的先天易學思想集中體現在《正易心法注》、《龍圖序》兩部著述中。

〔註10〕《隱逸·陳摶傳》，脫脫等：《宋史》第38冊，北京：中華書局1985年版，第13421頁。

〔註11〕《歷世真仙體道通鑒》，《道藏》第5冊，第368頁。

〔註12〕《正易心法注》，《藏外道書》第5冊，第13頁。

〔註13〕卿希泰主編：《中國道教史》第二卷，成都：四川人民出版社1996年版，第671頁。

〔註14〕《佛祖統紀》卷四六，《大正藏》卷四九，第395頁。

其《龍圖序》有云：「且夫龍馬始負圖，出於羲皇之代，在太古之先也。今存已合之位，或疑之，況更陳其未合之數耶？……且若龍圖本合，則聖人不得見其象。所以天意先未合而形其象，聖人觀其象而明其用。是龍圖者，天散而示之，伏羲合而用之，仲尼默而行之！」〔註15〕在陳摶看來，《龍圖》是溝通天意與聖人的橋梁，天意以龍馬負圖啓示聖人，聖人賴龍圖象數探求天意。「是龍圖者，天散而示之，伏羲合而用之，仲尼默而行之！」龍圖成爲天人相通的中介。天人相通說是中國傳統儒道文化核心概念之一——不過其儒道致思方向不一——漢代大儒董仲舒將儒學神學化，建立了「天人感應」的神學體系，將天人合一、天人相通推到極致。其「天人合一」思想體系，一般認爲包括「天人同構」、「天人感應」、「天人相通」等幾個方面。陳摶的先天易學接受並有機融合了儒家的天人相通思想。如其在《龍圖序》中解釋，如何知「天地未合、已合」時說，「於仲尼三陳九卦之義探其旨，所以知之也。」宋元間道士雷思齊說，「迨故宋之初，陳摶圖南始創意，推明象數，自謂因玩索孔子三陳九卦之義，得其遠旨，新有書述，特稱《龍圖》，離合變通，圖餘二十，是全用《大傳》天一、地二至天五、地十、五十有五之數，雜以納甲，貫穿《易》理。」〔註16〕是說陳摶所作《龍圖》是用《周易大傳》之數，以易學思想貫穿其中。《周易》中認爲，天地間一切人、事都是陰陽交感、八卦相蕩而成，因而在《周易》看來，天、地、人是一個有機的整體，相互之間是融通一體的。陳摶在其「先天易學」中闡述了這種「天地人」三元一統的整體關係：《龍圖序》中說，「天三幹，地二地四，爲之用三」，以天爲三者的主幹，地爲三者的根基，人則是三者的運用。在其《太極陰陽說》中論述宇宙生成模式時說，「兩儀即太極也，太極即無極也。兩儀未判，鴻蒙未開，上而日月未光，下而山川未奠，一氣交融，萬氣全具，故名太極，即吾身未生以前之面目。二儀者，人身呼吸之氣也；鴻蒙者，人身無想之會也；日月者，人身知覺之始也；山川者，人身運動之體也。故四者之用，運之則分爲四象，靜之則總歸太極。」〔註17〕一方面，以人的呼吸、思想、知覺、運動之體來比擬宇宙的生成模式，表明其宇宙觀著眼於人，並以「人」爲關注研究重心。

〔註15〕　《龍圖序》，轉引自卿希泰主編：《中國道教史》第二卷，成都：四川人民出版社 1996 年版，第 671 頁。
〔註16〕　《易圖通變》卷四，《河圖辨徵》，《道藏》第 20 冊，第 347 頁。
〔註17〕　《玉銓》卷五引《太極陰陽說》，《藏外道書》第 7 冊，第 724 頁。

而另一方面，陳摶「一氣交融」的宇宙一氣論，則把天地自然當作大宇宙，人作為小宇宙，大宇宙與小宇宙之間是密切聯繫的、不可分割的整體，而研究這層深刻而複雜的關係，必須以人為中心環節。對人的重視，表明道教在儒家思想的滲透和浸染下，特別是其自身出於自覺和主動的融攝下，已經徹底改變了先秦道家尤其是莊子「知天而蔽於人」的思想旨趣和理論傾向。中國道教作為人類社會一種宗教信仰，他們的追求目標包括至長生久視所創造的內丹學等，無不是以「人」為研究對象。歷代高道，雖各有成就，但惟有陳摶「淹通三教」之學，從內在和思想上融合儒道，為宋元道教融合儒道內趨化和學術化的先驅。

陳摶融儒道一體，還以老解易。「《易》之為書，本於陰陽。萬物負陰而抱陽，何適而非陰陽也。」〔註18〕「凡陰陽之氣，純而不駁，是為乾坤。《老子》曰：『天得一以清，地得一以寧』正謂此也。因知能盡乾之道，是為聖人；能盡坤之道，是為賢人。」〔註19〕上述，顯然是以老解易的道教易學。他的《無極圖》既是一種宇宙生成圖式，也是道教內煉方法圖式，突出體現了陳摶運用老子思想來解析義理的運思方法。《無極圖》確立了內丹煉養的五個階段即「築基煉己、煉精化炁、煉炁化神、煉神還虛、煉虛合道」，並以《老子》「致虛極，守靜篤」，「歸根曰靜，是謂復命」〔註20〕的思想來闡發內丹義理。陳摶將《老子》與易學相結合，以老解易，從而使道教內丹學說更加系統化，丹道義理更加具有濃厚的哲理色彩。

陳摶認為對《易經》的理解不必泥古，即便如周公、孔子之言；而應以己之「心法」去體會，從而形成自己的創見。「學易者當於羲皇心地中馳騁，無於周孔言語下拘攣」，「羲皇畫卦，不作紙上功夫」，故注重「辭外見意」，〔註21〕即以「心法」通易，把意、言、象、數四者貫通，在《無極圖》、《先天圖》和《易龍圖》中有突出表現。其中，陳摶著或傳的《先天圖》已經失傳，可考的只有邵雍的《先天圖》，而邵雍的《先天圖》根據朱熹在《周易參同契考異》中的考證，認為出自陳摶：「邵子發明《先天圖》，圖傳自希夷，希夷又自有所傳。蓋方士技術用以修煉，《參同契》中所言是也。」〔註22〕

〔註18〕 《正易心法注》，《藏外道書》第 5 冊，第 12 頁。
〔註19〕 《正易心法注》，《藏外道書》第 5 冊，第 3 頁。
〔註20〕 《道德經》第十六章。
〔註21〕 《正易心法注》，《藏外道書》第 5 冊，第 13 頁。
〔註22〕 朱熹：《周易參同契考異》，《道藏》第 20 冊，第 118 頁。

因而，如果朱熹的考證無誤的話，借助邵雍的《先天圖》，我們仍然可以清楚地看到，陳摶的《先天圖》是在傳統道教思想的基礎上，吸收了易的義理和象數之學，用八卦方位和六十四卦次序來推測自然和人事之變化；而用以指導道教內丹修煉的圖式，其中所展現出來的蘊涵著的宇宙生成變化之圖式、義理對宋代理學和象數學都產生了深遠影響。朱震《漢上易解》云：「陳摶以《先天圖》傳種放，放傳穆修，穆修傳李之才，之才傳邵雍。」程明道所作《邵堯夫先生墓誌銘》中也言及李之才傳陳摶之學，可見邵雍之學源於陳摶。清人朱彝尊在《經義考》中云：「《無極圖》乃方士修煉之術。……周子取而轉易之爲圖，……更名曰《太極圖》，仍不沒『無極』之旨。」所不同者，周敦頤以儒家思想爲主，顛倒其次序，更易其名稱，並從上而下來解釋《無極圖》，給陳摶的《無極圖》注入了一些新的含義。但不容否認的是：無論是邵雍的先天象數學，還是周敦頤的《太極圖》都源自陳摶，是吸收了陳摶宇宙生成圖式所體現的關於宇宙生成和演化的思想，從而成爲宋代理學思想的重要來源和組成部分。

（二）兼攝佛禪，重心性修煉

陳摶以「心法」解易，不僅融合儒道，而且還援佛禪入道，其先天易學體現出較明顯的「三教合一」的思想學術傾向。晚唐五代，佛教發展巔峰雖過，但禪風卻大盛，尤其心性理論更是對儒道兩家產生了長足影響。對於傳統道教而言，由外丹轉向內丹及教理、教義逐步內在化、心性化固然是其自身發展規律和趨勢所定，但以心性見長的佛禪之影響也不可小覷。陳摶順應時代潮流，關注心，強調修心實爲其內丹修煉思想的一大特色。

在陳摶看來，「仙在心」，所謂「揚盡葛藤心自瑩，存胎胎就聖功圓。」〔註23〕主張成仙在於養心，可能並非是陳摶的新創，因爲早在唐代，道教思想家如司馬承禎等就已經有「修心即修道，修道即修心」的觀點，陳摶的創新之處，在於把這一理論觀點實際地貫徹到內丹修煉的實踐中去。在具體修煉和闡述當中，他主張把心與性、情、意、識聯繫起來，而闡明它們之間的相互關係。陳摶說，「心統性、情。性如海水，情如流，意如瀾，識如波」，所以「觀心者，非空空觀心也。心統性情，又兼意識。」〔註24〕那麼，既然這樣，說明養心、修心的內容其實包括性、情、意、識等本於心田種子的質素。

〔註23〕　《玉銓》卷五引，《太極陰陽說》，《藏外道書》第 7 冊，第 726 頁。
〔註24〕　《玉銓》卷五引，《太極陰陽說》，《藏外道書》第 7 冊，第 726 頁。

在實際的內丹修煉中，陳摶很關注心性的修煉，並吸取佛禪的「空觀」。歷史地看，漢唐以來的道教仙學，皆以修真求仙為宗旨，他們或導引行氣，或採藥餌丹，以乞求長生不死。這種執著於肉身不朽的仙學無論從理論上還是實踐上都陷入了難以自圓的困境。於是，晚唐五代的道教思想家多援佛禪入道，試圖從理論上和方法上改造並完善傳統道教的仙學。其中引禪宗之「空」論道，援天台宗之「觀」圓法，尤令人矚目。如趙志堅曰：「觀有多法，今略言三。一者有觀，二者空觀，三者真觀。……空觀者，觀身虛幻，無真有處。《定志經》云：『要訣當知三界之中，三界皆空，雖有我身，皆應歸空，故曰空觀。』」〔註25〕重玄學者王玄覽受佛教心性論的影響，認為宇宙萬物都是心識的結果：「十方所有物，並是一識知」、「十方所有法，一識一心知」，〔註26〕王玄覽還說，「空見與有見，並在一心中，此心若他無，空有之見當何在。」〔註27〕在王玄覽看來，空、有兩種知見，都是心生心滅的，心滅也就無知見。在佛教禪學的影響下，道教學者也將「心無」作為主體的最高境界，進而在修道方式上，強調在心上用功夫。

陳摶承其遺風，同時自創心說，妙論「五空之秘」。其《觀空篇》云：「欲究空之無空，莫若神之與慧，斯太空之蹊也。於是有五空焉。其一曰頑空，何也？虛而不化，滯而不通，陰沉胚渾，清氣埋藏而不發，陽虛質樸而不止，其為至愚者也。其二曰性空，何也？虛而不受，靜而能清，惟任乎離中之虛，而不知坎中之滿。屙其眾秒，守於孤陰，終為杳冥之鬼，是為斷見者也。其三曰法空，何也？動而不撓，靜而能生，塊然勿用於潛龍，乾位初通於玄谷，在乎無色無形之中，無事也，無為也，合於天道焉，是為得道之初者也。其四曰真空，何也？知色不色，知空不空，於是真空一變而為真道，真道一變而為真神，真神一變而物無不備矣。是為神仙者也。其五曰不空，何也？天者高且清矣，而有日月星辰焉；地者靜且寧也，而有山川草木焉；人者虛且無也，而為仙焉。三者出虛而後成者也。一神變而千神形矣，一氣化而九氣和矣，故動者靜為基，有者無為本，斯亢龍回首之高真者也。」〔註28〕從中我們可以看出，陳摶融易理、丹道與佛學空觀為一體，既有承繼，更有創獲：其五空說，源出佛門。佛教之空觀內容極其豐富，謂世界上一切事物皆

〔註25〕趙志堅：《道德真經疏義》卷五，《道藏》第 12 冊，第 442 頁。
〔註26〕《玄珠錄》卷下，《道藏》第 23 冊，第 627 頁。
〔註27〕《玄珠錄》卷上，《道藏》第 23 冊，第 623 頁。
〔註28〕曾慥：《道樞》卷十，《道藏》第 20 冊，第 662 頁。

是因緣而生，刹那生滅，虛幻不實，故謂之空。大凡觀想一切諸法皆空的觀法，皆爲空觀。陳摶運用佛教空觀法門來闡述其內丹之道，對此，他在《廣慈禪院修瑞像記》中明確言道，「暨乎釋捨中正，柔麗大和，成六年野戰之功，超十地得朋之操，因空得性，無相成眞，尙致馴致之能，方證圓明之果。」陳摶融佛教「眞空」義來融合道教的內丹理論，形成了佛、道相融的思想特點。他認爲，心性修煉要依次超越「頑空」、「性空」、「法空」、「眞空」四個階段，最後達到「不空」而成仙的境界。陳摶認爲，「頑空」、「性空」都是錯誤的。「法空」是得道的初階，「眞空」是神仙的境界，大致相當於內丹的煉氣化神、煉神還虛兩個階段。「不空」是最高的境界，相當於後世內丹家所說的粉碎虛空即還虛合道的階段。陳摶擇取佛教五空概念來解釋內丹修煉的五種境界，從佛道二者的深層義理根基來看，存在著會通的可能性，更爲重要的是，從中不難看出陳摶力圖吸收禪宗思想來解說內丹境界的努力和嘗試。

　　此外，陳摶運用禪宗「唯心是法」的思想武器，公開向周、孔法統挑戰，明確指出儒家傳統的易學僅爲一家之言，並不能攬盡易道。他說：「《易》之爲書，本於陰陽，萬物負陰而抱陽，何適而非陰陽也。是以在人，惟其所入耳。文王、周公以庶類入，宣父以八物入，斯其上也。其後或以律度入，或以歷數入，或以仙道入，以此知易道無往而不可也。苟惟束於辭訓，則是犯法也，良由未悟耳。果得悟焉，則辭外見意，而縱橫妙用，唯吾所欲，是爲活法也。故曰：學易者當於羲皇心地中馳騁，無於周孔言語下拘攣。」〔註29〕陳摶以自己「心法」，求羲皇心地，自創新說，精神非常可貴。「心法」本爲佛教用語，是佛教五位法：色法、心法、心所有法、心不相應解法和無爲法之一。而「不作紙上功夫」、「不立文字」等，明顯是吸取了佛禪的思維方式，提出領悟易道或自然之理過程中應重心悟，而不必拘泥於文字或權威。

　　陳摶的內丹學不僅順應了道教教理、教義由外向內的歷史轉折，而且體現出鮮明的「三教合一」的時代特色，而廣爲人稱道。元代趙道一在《歷世眞仙體道通鑑》中如此說，「先生之道，窈乎其深而不可窮，恍惚其變而不可測，固將乘雲氣，騎日月，以遊乎四海之外，豈與眩奇怪，尙詭譎，以欺世取譽者同年而語哉。」

〔註29〕　《正易心法注》，《藏外道書》第 5 冊，第 12～13 頁。

三、陳景元對陳摶「三教合一」思想的繼承與發揮

　　陳摶的弟子有張無夢、劉海蟾、種放等人。其中，張無夢深得陳摶易老之旨趣：張無夢著有《還元篇》，以《老子》、《周易》為綱，以內丹為用，以無為有為說，是張無夢老學思想在內丹修煉中的具體運用，也是《還元篇》之大旨。陳景元（西元 1024？～1094 年）字太初，玄號碧虛子，繼承了張無夢的易老思想，陳摶的思想很大程度上是通過陳景元這位再傳弟子而傳播開來的。陳景元師事高道鴻蒙子張無夢，頗得老莊心印，在帝王、王公和文士間也頗有名聲，這一方面深化、發展了陳摶思想；另一方面也為陳摶思想的傳播、流佈開闢了新的空間。蒙文通先生曾指出，「唐代道家，頗重成（玄英）、李（榮）；而宋代則重陳景元，於徵引者多，可以概見。」作為宋代道家（道教）的代表人物，蒙文通先生認為，「碧虛之學，源於希夷。昔人僅論濂溪、康節之學源於陳氏，劉牧《河圖》、《洛書》之學，亦出希夷，而皆以象數為學，又自附於儒家。今碧虛固道士之談老、莊者，求摶之學，碧虛倘視三家為更得其真耶！」〔註 30〕這段話，其實說明了陳景元在陳摶後學中的學術影響與地位，誠是言哉！

　　陳景元博學多聞，著述豐富。根據《歷世真仙體道通鑒》的記載：「有注《道德經》二卷、《老氏藏室纂微》二卷、注《莊子》十卷、《高士傳》百卷、《文集》二十卷，《大洞經音義》、《集注靈寶度人經》傳於世。」

　　陳景元學術思想之主旨，他自己其實是有個明確之說明的，即「以重淵為宗，自然為體，道德為用，其要在乎治身治國。治國則我無為而民自化，我無欲而民自樸，治身則塞其兌，閉其門，谷神不死，少私寡欲，此其要旨，可得而言也。」〔註 31〕「重淵」即「重玄」，「淵之又淵」即「玄之又玄」，是為了避趙宋聖祖「保生天尊大帝」趙玄朗之諱而改。陳景元學術思想以重玄為宗，但其落腳點又在治國理身，這種旨趣的變化其實是淵源有自的。如唐玄宗既講「法性清靜是謂重玄」，又認為《老子》之「其要在乎理身理國」。〔註 32〕陸希聲、杜光庭等重玄學者也都重於治身理國之道，不難看出，陳景元的學術思想仍是以重玄為旨歸，是唐代重玄學在宋代繼續傳播和發展的典型。不過，重玄旨趣到宋代發生了顯著的新的變化。當代學者李遠國先生認

〔註 30〕蒙文通：《古學甄微》，成都：巴蜀書社 1987 年版，第 216 頁。
〔註 31〕陳景元：《道德真經藏室纂微篇・開題》，《道藏》第 13 冊，第 654 頁。
〔註 32〕《唐玄宗御製道德真經疏・釋題》，《道藏》第 11 冊，第 749 頁。

爲，宋代重玄學的特點是《易》、《老》相通，禪、老互融，以丹解老、形神俱妙。〔註33〕我們認爲，這是非常有價值的見解。重玄旨趣之所以會有上述變化，當與「三教合一」的時代潮流的影響以及道教學術的內在發展的轉向緊密關聯。

陳景元學術體系中，儒道相容的思想是十分明顯的。他說，「君子以無爲自然爲心，道德仁義爲用」，〔註34〕顯然，陳景元所講的「無爲」，並非毫無作爲，而是在道家自然的基礎上，融進儒家的理想追求。因此，他把儒家的綱常名教納入道的範圍，「仁義禮智信，皆道之用，用則謂之可道。」〔註35〕將「仁義禮智」歸於「道之用」，這是陳景元對道的重要發揮，也可看出儒家思想對他的深刻影響。在其《莊子注》中，更是大量融攝儒道，他說：「上仁與德同，以含容爲本；上義與道同，以通理爲原；處中和而不淫者，樂也；整容貌而中節者，禮也。禮以應物，樂以正性。君子百官以仁義禮樂治天下，熏然慈和，惠及萬物，立法以定職分，授名以表性行，觀操以驗才能，稽考以決黜陟，皆有術數存焉。」〔註36〕

在援佛禪入道方面，張無夢和陳景元繼承了陳摶的觀空理論。如張無夢《還元篇》曰：「自家神氣自家身，何必區區問外人。這個形骸俱是假，只因修煉得成眞。流年迅速挑華實，浩劫移看海化塵。尋取丹臺天上路，恐君白首轉因循。」陳景元也說「是故有而反無，實而歸虛，心無所載，志無所彰，無爲如塞，不憂如狂，抱眞履素，捐棄聰明，不知爲道，空虛爲常，則神明極而自然窮矣。動作反身，思慮復神，藏我於無心，載形於無身，不便生者，不以役志；不利天者，不以滑神。事易而神不變，內流而外不化，覆視反聽，與神推移，上與天遊，下與世交，神守不擾，生氣不勞，趣捨屈伸，正得中道。」〔註37〕

綜上，不難看出，陳景元「三教合一」思想既有對陳摶思想的繼承，也有自己獨特之建樹。

〔註33〕李遠國：《論宋代重玄學的三大特徵》，《道家文化研究》第 19 輯，北京，三聯書店 2002 年版。
〔註34〕陳景元：《道德眞經藏室纂微篇》卷五，《道藏》第 13 冊，第 689 頁。
〔註35〕陳景元：《道德眞經藏室纂微篇》卷一，《道藏》第 13 冊，第 656 頁。
〔註36〕褚伯秀：《南華眞經義海纂微》卷四九，《道藏》第 15 冊，第 432 頁。
〔註37〕陳景元：《道德眞經藏室纂微篇》卷三，《道藏》第 13 冊，第 671 頁。

第二節 「教雖分三，道乃歸一」
——張伯端「三教合一」思想的形成與發展

一、張伯端與《悟真篇》

張伯端，字平叔，得道後改名用成，號紫陽，天台（今浙江台州市境）人。清代康熙年間的《臨海縣志》記載張伯端是「天台瓔珞街人」或「瓔珞街人」。張伯端的生卒年月，《悟真篇自序》、趙道一《歷世真仙體道通鑒》卷四九《張用成傳》、薛道光《悟真篇記》、翁葆光《悟真篇注疏》皆有記述。根據南宋孝宗（西元 1163～1189 年）時人翁葆光注疏在《張紫陽事迹本末》中說，「真人享年九十六，自太宗丁亥，至神宗壬戌。」太宗丁亥即西元 987 年，神宗壬戌即西元 1082 年，按虛歲計算是 96 歲。這是眾多文獻記載中較可信的，如果我們考慮到翁葆光是張伯端的再傳弟子，兩人年齡不應相差太大的話。

張伯端少時博覽群書，學識過人。他在《悟真篇·自序》中說，「僕幼親善道，涉歷三教經書，以至刑法、書算、醫卜、戰陣、天文、地理、吉凶、死生之術，靡不留心詳究。惟金丹一法，閱盡群經及諸家歌詩、論、契。」〔註38〕正是因為「無所不學」、〔註39〕博學多才，所以才能少業進士，不過其大半生都在官府裏當一名小吏，生活也一直相對較穩定，直到晚年，一件重大變故——據《古今圖書集成·神異典》引《臨海縣志》記載：「宋張用成，邑人，字平叔，為府吏，性嗜魚，在官辦事，家送膳至，眾以其所嗜魚戲匿之梁間。平叔疑其婢所竊，歸撲其婢，婢自經死。一日，蟲自梁間下，驗之，魚爛蟲也。平叔乃喟然而歎曰：『積牘盈箱，其中類竊魚事不知凡幾！』」對世事的失望，使他萌生了隱遁山林之意：「刀筆隨身四十年，是非非是萬千千，一家飽暖千家怨，半世功名百世愆，紫綬金章今已矣，芒鞋竹杖任悠然。有人問我蓬萊路，雲在青山月在天。」賦畢，縱火將所署案卷悉焚之，因按火燒文書律遣戍。從《悟真篇序》中可以證知，張伯端確實因此事遭受處罰，遣罰之地當為嶺南，《悟真篇序》中說，「張平叔先生者，天台人，少業進士，坐累謫嶺南兵籍。」〔註40〕從此仕途受阻。「百歲光陰石火爍，一

〔註38〕《悟真篇·自序》，《道藏》第 2 冊，第 914 頁。
〔註39〕《歷世真仙體道通鑒》卷四九，《張用成傳》，《道藏》第 5 冊，第 382 頁。
〔註40〕《悟真篇·自序》，《道藏》第 2 冊，第 914 頁。

生身世水泡浮，只貪利祿求榮顯，不覺形容暗瘁枯。」〔註41〕仕途的受阻，
心中的愧疚，人生的坎坷顛簸，不能不促使飽學之張伯端進一步探思人生的
意義和存在之價值諸問題。即便仕途坦順而獲得了榮華富貴，但畢竟物質享
受是暫時的，如「過眼雲煙」，人生之大好年華漸漸老去，人終究難免一死。
怎樣才能使生命更有意義，怎樣活或存在才更有價值？人生的解脫、超越之
路何在？諸如此類問題的思考和認知，使得張伯端早年深受浸染的修齊治平
的儒家思想基礎發生動搖，轉而向宗教領域尋求解脫和超越，尤其是心性的
修煉和解脫。

　　張伯端充軍嶺南大約在北宋治平年間（西元 1064～1067 年），當時龍圖
閣大學士陸詵駐守桂林，張伯端置於帳下，典機事。熙寧二年（西元 1069 年）
張伯端隨陸詵移居成都，「熙寧己酉，因隨陸公入成都，以夙志不回，初誠愈
恪，遂感眞人授金丹藥物火候之決」，〔註42〕謂「其言甚簡，其要不繁，可謂
指流知源，語一悟百，霧開月瑩，塵盡鑒明，較之仙經，若合符契。」〔註43〕
這裡，可能無法看出張伯端的師承，關鍵誰是授丹訣於張伯端的「眞人」並
沒有明說。薛道光在《悟眞篇注》中認爲是青城丈人，但青城丈人是誰仍然
是個謎，更何況也未必眞有青城丈人此人。趙道一的《歷世眞仙體道通鑒》
明確指出，張伯端遇到的「眞人」是師事陳摶的劉海蟾，「遂遇劉海蟾授金液
還丹火修之訣」，劉海蟾即劉操，號海蟾子。留元長的《海瓊問道集・序》也
說，「張得於劉海蟾，劉得於呂洞賓」。南宋末年李簡易的《玉溪子丹經指要》
卷首的《混元仙派圖》也認爲劉海蟾得於呂洞賓。依此說來，張伯端的思想
又是承緒鍾呂而來。當然，就「眞人」是否爲劉海蟾，學界尚有不少爭議，
至今未能確證；不過，有一點，應該能明確的是，五代宋初的鍾呂和陳摶的
丹道尤其「三教合一」思想對張伯端都有著不小的影響，爲張伯端明確提出
「教雖分三，道乃歸一」的「三教合一」思想，奠定了堅實的理論基礎和時
代氛圍。

　　張伯端於熙寧八年（西元 1075 年）「罄所得成律詩九九八十一首，號曰
《悟眞篇》。」〔註44〕在完成了《悟眞篇》之後，張伯端並沒有停止對解脫
理論的探討。他尤其對禪宗明心見性、頓悟成佛的修道方法和理想境界十分

〔註41〕　《悟眞篇・自序》，《道藏》第 2 冊，第 915 頁。
〔註42〕　《悟眞篇・自序》，《道藏》第 2 冊，第 914～915 頁。
〔註43〕　《悟眞篇・自序》，《道藏》第 2 冊，第 914～915 頁。
〔註44〕　《悟眞篇・自序》，《道藏》第 2 冊，第 914 頁。

推崇，聲稱「僕得達摩、六祖最上一乘之妙旨，可因一言而悟萬法也」，〔註45〕並借佛教禪學來闡發道教的內丹修性之旨：「遂玩佛書及《傳燈錄》，至於祖師有擊竹而悟者，乃形於歌頌詩曲雜言三十二首」，並將這三十二首詩歌附於《悟眞篇》卷末，認爲「庶幾達本明性之道，盡於此矣。」〔註46〕這個原名爲《禪宗歌頌詩曲雜言》的文本，也就是今天存於《道藏》中的《紫陽眞人悟眞篇拾遺》一卷。張伯端的著作除《悟眞篇》外，還著有《金丹四百字》、《玉清金笥青華秘文金室內煉丹訣》（簡稱《青華秘文》）、《奇經八脈考》、《紫陽眞人語錄》等。其中，《金丹四百字》和《青華秘文》是否爲張伯端所作，學界尚有爭議，如張廣保在《唐宋內丹道教》中就認爲，《青華秘文》一書雖見於《正統道藏》，題名張紫陽撰，然考此書與張伯端《悟眞篇》的內丹宗旨大相徑庭，因而認爲是僞託；不過，我們認爲張伯端一生最重要的活動無疑是創作《悟眞篇》。此書展示了張伯端內丹思想的核心部分，在內丹道的理論發展史上具有諸多創獲，將內丹理論發展到空前之高度，與《周易參同契》、《黃庭經》、《陰符經》等共同被視爲內丹道教的核心經典，也對宋元時期內丹道的發展具有深遠之影響。元人戴起宗評價《悟眞篇》說：「《悟眞篇》分性命爲二宗，訓人各進；分內外爲二藥，訓人同進。實爲千古丹經之祖。垂世立教，可與《周易參同契》並傳不朽。」〔註47〕《四庫全書總目》則云：「是書專明金丹之要，與魏伯陽《參同契》，道家並推爲正宗。」〔註48〕

通過《悟眞篇》，我們不僅可以洞悉內丹道在宋代的發展、傳承情況，而且對道教「三教合一」思想內涵的轉變、發展也可以有個大致清晰的把握。「老釋以性命學，開方便門，教人修種，以逃生死。釋氏以空寂爲宗，若頓悟圓通，則直超彼岸。如有習漏未盡，則尙徇於有生。老氏以煉養爲眞，若得其要樞，則立躋聖位；如其未明本性，則猶滯於幻形。其次《周易》有窮理盡性至命之辭，《魯語》有『毋意、必、固、我』之說，此又仲尼極臻乎性命之奧也。然其言之常略而不至於詳者何也？蓋欲序正人倫，施仁義禮樂之教，故於無爲之道，未嘗顯言，但以命術寓諸易象，性法混諸微言耳。至於莊子推窮物累逍遙之性，孟子善養浩然之氣，皆切幾之。……豈非教雖分三，道

〔註45〕《悟眞篇後序》，《道藏》第 2 冊，第 968 頁。
〔註46〕《悟眞篇‧自序》，《道藏》第 2 冊，第 915 頁。
〔註47〕戴起宗：《悟眞篇注疏序》，《道藏》第 2 冊，第 910 頁。
〔註48〕《四庫全書總目》卷一四六，《四庫全書》第 3 冊，第 1076 頁。

乃歸一。奈何後世黃緇之流，各自專門，互相非是，致使三家宗要，迷沒邪歧，不能混一而同歸矣！」〔註49〕張伯端明確提出的以心性爲旨趣的「三教合一」思想更是對宋元道教乃至整個中國傳統哲學影響極大。

二、張伯端「三教合一」思想的形成

　　張伯端生活在儒、佛、道三教相互交融並日益滲透的年代，在這樣的時代潮流和思想文化氛圍中，加之人生經歷的諸多顚簸、坎坷，爲了找尋理想的人生境界和解脫之法，他的學術旨趣也經歷了數度轉變。通過研究不難發現，張伯端由儒入道，由道入禪，最終以道爲本的「三教合一」思想的痕迹和發展線索。

　　「僕幼親善道，涉歷三教經書，以至刑法、書算、醫卜、戰陣、天文、地理、吉凶、死生之術，靡不留心詳究。惟金丹一法，閱盡群經及諸家歌詩、論、契。」〔註50〕可以想見，在張伯端的思想形成過程中，儒、佛、道三教經書一直都是他涉歷和研究的內容，成爲其思想的重要來源和組成部分。博覽群書、「無所不學」，一方面開闊了張伯端的學術視野，另外一方面，這種包羅萬象的知識積澱，如果假以時代思潮之激發，會通三教，明倡「三教合一」似乎又如水到渠成之自然。從《自序》中，我們知道，儒學爲張伯端自幼所學，像當時大多數士人一樣期望有朝一日通過科考，立身儒林或官場。「少業進士」，後爲府吏，生活還算穩定，但晚年之人生變故，逐漸使張伯端對儒家治國平天下的世俗人生價值取向產生了懷疑，由此轉入了修丹證道的宗教超越之途，「惟金丹一法，閱盡群經及諸家歌詩、論、契。」〔註51〕對金丹的特別愛好，似乎也爲他的這一轉變奠定了主觀性格基礎。而對佛教感同認知，則應源於自幼受到的佛教文化的熏陶和感染：張伯端的家鄉浙江天台是中國佛教最早創立的宗派——天台宗的主要活動區域，至宋代，那裡的佛教依然非常之盛行。天台宗獨特的「止觀並重」、「定慧雙修」、教禪兼備的思想學說對張伯端影響很大。張伯端對其既講經論、又習禪定；既重禪悟、又重修道的修煉方式也頗爲贊同。此外，據現有資料來看，張伯端似尤推崇雲門宗雪竇重顯禪師（西元 980～1052 年）的禪學。《佛祖統記》中說張伯端，「嘗遍

〔註49〕《悟眞篇・自序》，《道藏》第 2 冊，第 914 頁。
〔註50〕《悟眞篇・自序》，《道藏》第 2 冊，第 914 頁。
〔註51〕《悟眞篇・自序》，《道藏》第 2 冊，第 914 頁。

參禪門，大有省發。後讀雪竇《祖英集》，頓明心地，作歌倡以申其旨。且言獨修金丹而不悟佛理者，即同愣嚴十仙，散入諸趣之報。」〔註 52〕雲門宗以強調山水自然，即事而眞，一切現成，無心解脫爲特色，形成了「孤危聳竣，人難湊泊」的宗風。雲門宗不僅以棒喝接引學人，而且還以非常簡短的片言隻語來應答，如以「雲門三句」來啓發學人開悟，一時影響很大，到雪竇重顯禪師時雲門宗盛行天下，他的《頌古百則》不僅成爲當時禪僧的必讀之書，而且還受到許多好禪愛道的教外人士的歡迎。在《讀雪竇禪師〈祖英集〉》一詩中，張伯端曰「吾師道高言語暢，留在世間爲榜樣」，〔註 53〕因其對禪宗的推崇使他比較注重援禪入道並借佛教禪學來闡發道教的內丹修性之旨。

但是，我們應該看到，張伯端雖然欣賞甚至認同佛禪「明心見性」、「得達磨、六祖最上一乘之妙旨，可因一言而悟萬法也。」〔註 54〕的理論，但其最終並沒有以佛禪爲理論和修煉之本，也沒有放棄或轉移得道成仙的解脫目標；而是力圖以道教內丹的「性命雙修」來會通儒、佛、道三教。

張伯端之所以能這樣，是因爲他對時代所高倡的「三教合一」思潮有自己獨特的看法和主張。可以這麼說，張伯端的「三教合一」思想既繼承了五代宋初由鍾呂特別是陳摶所開創的融合儒、佛、道以革新傳統道教教理、教義的理路，又使之能在一定程度上推進以道教爲本位，以心性爲旨趣的「三教合一」思想、理論的更新和發展，從而適應了道教乃至整個中國傳統哲學內向化、心性化發展的邏輯進路。

三、張伯端「三教合一」思想的特色

如果說陳摶還只是在自己的思想理論體系中開始融貫儒、佛、道三教，那麼到張伯端這兒，是明確提出以心性爲旨趣的「三教合一」思想的。張伯端認爲，儒、佛、道三教都是圍繞著人的終極關懷而展開的，它們在生死問題上的解決可說是殊途同歸，即儒、佛、道三家的終極目標都是同一的「道」，只要眞正掌握好，從哪一家入手都可以趨達於「道」：「老釋以性命學，開方便門，教人修種，以逃生死。釋氏以空寂爲宗，若頓悟圓通，則直超彼岸。如有習漏未盡，則尚徇於有生。老氏以煉養爲眞，若得其要樞，則立躋聖位；

〔註 52〕《佛祖統記》卷四六，《大正藏》卷四九，第 390 頁。
〔註 53〕《悟眞篇拾遺》，《道藏》第 2 冊，第 1033 頁。
〔註 54〕《悟眞篇後序》，《道藏》第 2 冊，第 968 頁。

如其未明本性，則猶滯於幻形。其次《周易》有窮理盡性至命之辭，《魯語》有『毋意、必、固、我』之說，此又仲尼極臻乎性命之奧也。然其言之常略而不至於詳者何也？蓋欲序正人倫，施仁義禮樂之教，故於無為之道，未嘗顯言，但以命術寓諸易象，性法混諸微言耳。至於莊子推窮物累逍遙之性，孟子善養浩然之氣，皆切幾之。……豈非教雖分三，道乃歸一。奈何後世黃緇之流，各自專門，互相非是，致使三家宗要，迷沒邪歧，不能混一而同歸矣！」〔註55〕這段話集中體現了張伯端「三教合一」的思想的精華與特色：在他看來，無論是儒教、道教還是佛教，其教旨都是「教人修種，以逃生死」、「臻乎性命之奧」。

　　儒家窮理盡性以至於命實為性命之說，但因重在「序正人倫，施仁義禮樂有為之教」，「故於無為之道，未嘗顯言」，以致「命術寓諸《易》象」，「性法混諸微言」，其性命之學未能顯揚。張伯端認為，只要細加推究，孟子的浩然之氣與莊子的逍遙之性其實相近無幾。在心性論方面，他還努力融通道、佛兩家思想，用道教的思想來解釋佛教的戒、定、慧，「夫其心境兩忘，一念不動曰戒；覺性圓明，內外瑩徹曰定；隨緣應物，妙用無窮曰慧。此三者，相須而成，互為體用。或戒之為體者，則定慧為其用；定之為體者，則戒慧為其用；慧之為體者，則戒定為其用。三者未嘗斯須相離也。」〔註56〕所以，張伯端認為，儒、佛、道三家的根本之「道」都是一致的，在本質上都是以心性為旨趣，只不過彼此之間由於門戶之見，加之下手路數有別，而導致相互攻訐和相互爭奪的局面，從而造成三教之「道」不能「混一而同歸」。

　　張伯端明確將儒、佛、道三家所同之處歸於「性命」之學，這一理論特點對宋元道教乃至後世都產生了深遠之影響，也基本奠定了自此以後道教「三教合一」思想的基本內涵和理論旨趣：道教南宗第五祖白玉蟾就是在其祖師張伯端的影響下以心性闡釋內丹，強調修煉過程要重視心性的煉養。清代劉一明也在《指南針序》中說：「性命之學，中正之道也。中正之道，在儒謂之『中庸』，在釋謂之『一乘』，在道謂之『金丹』，乃貫通三教之理也。知之者，在儒可以成聖，在釋可以成佛，在道可以成仙。」〔註57〕發揮了張伯端三教同歸於性命之學的思想，以「中正之道」作為貫通三教性命之學之理。

〔註55〕《悟真篇・自序》，《道藏》第 2 冊，第 914 頁。
〔註56〕《悟真篇拾遺》，《道藏》第 2 冊，第 1030 頁。
〔註57〕劉一明：《道書十二種》，北京：書目文獻出版社 1996 年版，第 321 頁。

　　張伯端主張「三教合一」，只是就三教的相同、相通的方面而言，但這並未泯滅三教各自的特點與差異。儒家性命之學在於正人倫施教化，道教性命之學重在煉養登眞，佛教性命之學使人頓悟圓通。具體來說，雖然同歸於「性命」之道，但在心性論上的差異還是有所區分的。這一點，張伯端很清醒地認知到：「復命歸根之由，深根固蒂也。深根固蒂之道，自澄心遣欲；澄心之理，屛視去聽。如孔子曰：『非禮勿視，非禮勿聽，非禮勿言，非禮勿動。』此便是眞實道理。但儒教欲行於世，而用於時，故以禮爲之防。所謂妄心者，喜怒哀樂各等耳。忠恕慈順憫恭敬謹則爲眞心；而修丹之士，則以眞心亦爲妄心，混然返其初，而原其始，卻就無妄心中，生一眞心，奮天地有爲，而終則至於無爲也。若釋氏之所謂眞心，則又異焉。放下六情，了無一念，性地廓然，眞元自見，一見之頃，往來自在。蓋靜之極至於極之極，故見太極則須用一言半句之間如死一場再生相似，然後可以造化至機，而爲不死不生之根本，豈易窺其門戶邪？」〔註58〕張伯端在這裡提出了「澄心」、「妄心」、「眞心」，並以「澄心遣欲」爲根本之「道」。「澄心」即是「眞心」：儒家的「眞心」要求所作所爲符合禮儀法度；佛教的「眞心」是於「了無一念」中而見「眞性」，而求得解脫；道教的「眞心」即是「妄心」，於無「妄心」中生一「眞念」，由此而達於返本還原之境界。「眞心」不同，導致三教修煉方法上也有不同。儒家重人倫、施仁義禮樂教化，卻往往忽視了返本還源的「無爲」之道；佛教以空寂爲宗，崇尚不斷破除障執，卻遺漏了性之實有而視之爲空，無可無不可，所在皆可而所在皆不可，找不到一個歸根落腳之地。而道教重煉養，卻往往難明本性。

　　爲了克服三家之弊端而揚其優長，張伯端主張「先以神仙命術誘其修煉，次以諸佛妙用廣其神通，終以眞如覺性遣其幻妄，而歸於究竟空寂之本源矣。」〔註59〕從中，我們可以看出，張伯端把內丹修煉劃分爲「先」、「次」、「終」三個階段，始則由儒入道，次則由道參禪，復次攝禪攝性，終則復返於自然大化的本源和本體、性命的始初或本眞，從而把性命雙修的思想完全貫徹到「三教合一」的思想中去，不僅順應了時代之潮流，而且大大豐富和發展了內丹學說。由儒入道的實質，在張伯端這兒，主要是把涵養倫理道德作爲修道之前提，攝禪攝性則涉及到在修煉的高級階段煉丹與禪修的關係。下面我

〔註58〕《青華秘文・神室圖論》，《道藏》第 4 冊，第 373 頁。
〔註59〕《悟眞篇拾遺》，《道藏》第 2 冊，第 1030 頁。

們將具體分析，張伯端是如何以道教的性命雙修之說來融儒納佛，最終會通三教，而推動和發展道教「三教合一」學說的。

四、張伯端以內丹爲本融攝三教

　　儒、佛、道三家各有其內在的理論特質，但張伯端明確並極力提倡「教雖分三，道乃歸一」的「三教合一」思想。同時，我們也應看到，張伯端融攝儒、佛、道三教，始終是以道教爲本位的，即所謂「學仙須是學金仙，唯有金丹最的端。」〔註60〕張伯端在寫完《悟眞篇》的律詩八十一首，「編輯既成之後，又覺其中惟談養命固形之術，而於本源眞覺之性有所未究，遂玩佛書及《傳燈錄》，至於祖師有擊竹而悟者，形於歌頌、詩曲、雜言三十二首，今附之卷末，庶幾達本明性之道，盡於此矣。」〔註61〕由此可知，《悟眞篇》前面是談養命固形之術，也即內丹修煉的理論和方法，後面即《悟眞性宗直指》是論達本明性之道，實爲融攝禪宗心性理論作爲內丹修煉的修心功夫。從《悟眞篇》整個文本思想底蘊和張伯端本人的思想傾向來看，無疑仍然是堅守道教本位的：上面這段話之後，張伯端本人接著說，「抱之九載，煉氣成神，以神合道，故得形神俱妙，升入無形，與道合眞，冥而不測，是以形神性命俱歸於究竟空寂之本源也。」對此，翁葆光《悟眞直指詳說三乘秘要》解釋說：「九載功圓，則無爲之性自圓，無形之神自妙。神秘則變化無窮，隱顯莫測；性圓則慧照十方，靈通無破。故能分身百億，應顯無方，而其至眞之體，處於至靜之域，寂然而未嘗有作者，此其神性形命俱與道合矣。」這說明，張伯端只還是借用禪宗的某些思想來說明和闡釋「以神合道」階段的某些方面。

　　不僅張伯端對煉形、煉氣、煉神三階段的論述是道教的，在性功階段，張伯端的思想底蘊仍然是道教的。他的《即心是佛頌》說：「佛即心兮心即佛，心佛從來皆妄物。若知無佛復無心，始是眞如法身佛。佛身佛本沒模樣，一顆圓光含萬象。無體之體即眞體，無相之相即實相，非色非空非不空，不動不靜不來往，無異無同無有無，難取難捨難聽望。內外圓明到處通，一佛國在一沙中，一粒沙含大千世界，一個身心萬個同。知之須會無心法，不染不滯爲淨業，善惡千端無所爲，便是南無與迦葉。」如果單從語言上來看，張

〔註60〕　《悟眞篇》，《道藏》第 4 冊，第 714 頁。
〔註61〕　《悟眞篇・自序》，《道藏》第 2 冊，第 915 頁。

伯端思想無疑與禪宗不異；但這裡所謂「法身佛」實為道教的「真體」與「道體」，無所執著而蘊藏有最大限度的生機與活力，而不是佛禪的萬事皆空。以心求道的方法也不是佛教的般若中觀，而是重玄之道，「此道非無非有，非中亦莫求尋。二邊俱遣棄中心，見了名為上品。」〔註62〕雙譴雙非，也不執著於中，「欲了無生妙道，莫非自見真心。真心無相亦無因，清靜法身只恁。此道非無非有，非中亦莫求尋。二邊俱遣棄中心，見了名為上品。見了真心，即是妙道，再不必別處尋妙道。夫真心不染不著，不動不搖，無相無音，又名清靜法身，是心也，是身心。非有非無，即有即無，不可於有中尋，不可於無中求。也不可於非有非無中取。三者既非，試想是個甚麼物事，見得此物事者，頓超無生，名為最上一乘之妙道。真身真心原是一個，以體言謂真身，以用言謂真心，體用如一，身心渾忘，形神俱妙與道合真，非無生之道乎。」〔註63〕不懈地歸趨於真道，這才是張伯端思想的最終著落處。

（一）吸取儒家心性理論

北宋儒家思想家張載在前賢人性論思想的基礎上，把人性劃分為「天地之性」和「氣質之性」，既指出了人的生物屬性和道德屬性的不同，又說明了後天教育的重要性，繼承並發展了傳統的人性理論，使之達到了一個新的高度。

張載所說的「氣質之性」是指氣聚為有形萬物後具有的屬性，「天地之性」是指源於太虛的本然之性。「天地之性」湛一不偏，其性也至善不偏。他又說：「形而後有氣質之性，善反之，則天地之性存焉。」〔註64〕「氣質之性」，在張載看來源於氣質，因為氣有偏，所以氣質之性有善惡之別。只有返求氣質之源，克服氣質之偏，才能保存固有的內在的太虛本性。「人之剛柔、緩急、有才與不才，氣之偏也。天本參和不偏，養其氣，反之本而不偏，則盡性而天矣。」〔註65〕張載主張變化氣質，克服氣質之偏，通過後天的學習，復歸天地之性。「為學大益，在能自求變化氣質，不爾皆為人之弊，一卒無所發明，不得見聖人之奧。故學者先須變化氣質，變化氣質與虛心相表裏。」〔註66〕「氣質之性」對於稟受它的人而言，是先天的，而不是後天的，但通過後天

〔註62〕《悟真篇拾遺·西江月》其十二，《道藏》第4冊，第743頁。

〔註63〕《悟真篇拾遺·西江月》其十二，《道藏》第4冊，第743頁。

〔註64〕張載：《正蒙·誠明》。

〔註65〕張載：《正蒙·誠明》。

〔註66〕張載：《經學理窟·義理》。

的學習，可以移去不善的氣質，即所謂的變化氣質。上述，張載把人性區分爲「天地之性」與「氣質之性」，主張變化氣質的思想，給張伯端以深刻之影響，並相當圓融地將這一思想吸取、融攝進自己的學說中來。

張伯端認爲，「氣質之性」表現爲「欲神」；「先天之性」表現爲「元神」。這裡，可以清楚看到，張伯端把儒學人性論改造成丹道心性論的內在痕迹。這一改造具體表現爲：元神、欲神──先天之性、氣稟之性──天地之性、氣質之性。「夫神者，有元神焉，有欲神焉。元神者，乃先天以來一點靈光也；欲神者，氣稟之性也。元神乃先天之性也，形而後者氣質之性，善反之，則天地之性存焉。」〔註67〕「形而後者氣質之性，善反之，則天地之性存焉。」與張載《正蒙》中所言完全一致，可能就是引用了張載原話。「元神」是先天具有的一點善性，表現爲「先天之性」，「欲神」是人稟氣而形成的，表現爲「氣稟之性」，善反則能使其復歸「先天之性」；「氣質之性」是與生俱來的，是人的自然屬性，「天地之性」是本元之性，是至善的。「氣質之性」的具體表現，就是在接物時表現出的善惡之情，如果能漸漸去除「氣質之性」，那麼，本元之性就會慢慢地顯現出來，接物的時候，也就無所謂善惡之情了。「氣質之性」自生以來就是十分細微的，它在人們日用常行的要求中不斷滋生，如果能時時剔除日用常行的奢望，那麼本元之性就會勝過「氣質之性」，先天之氣也就能夠支配後天之氣了。先天之氣是道家內丹修煉理論的基礎，剔除「氣質之性」，爲的就是要顯露本元之性，本元之性顯，則先天之氣長。

張載在談修養功夫時，是十分注重「大心」與「寡欲」的，他說：「大其心，則能體天下之物，物有未體，則心爲有外。世人之心，止於聞見之狹。聖人盡性，不以見聞梏其心，其視天下無一物非我。」〔註68〕大心也就是擴充自我思維，把意念轉向自我之心。在大心的基礎上養氣也是張載變化氣質的一種方法，通過養氣，排除對物質欲望的追求，達到恢複本然的天地之性，這樣就可以與天爲一，清明無比。可以看出，張伯端的變化氣質之說與張載變化氣質的理論在理路上是相通的，只不過前者是爲了煉丹登眞，後者是爲了養修道德，而在邏輯理路上並無二致。

（二）援引佛禪心性思想

張伯端援禪入道，集中體現在以佛禪的「明心見性」形成其先命後性、

〔註67〕《青華秘文·神爲主論》，《道藏》第 4 冊，第 364 頁。
〔註68〕張載：《正蒙·大心》。

漸修頓悟的修道進路。他質疑佛教「彼（禪師）之所修，欲速見功，不復修命，直修性宗，故所至之地，人見無復形影，謂之陰神」〔註69〕的修煉方法，在張伯端看來，這是「饒君了悟眞如性，未免拋身卻入身。」〔註70〕另一方面，他又批判了傳統道教只知修命，不知修性的修煉方法，如此，則「學道之人，不通性理，獨修金丹。如此，既性命之道未修，則運心不普，物我難齊，又焉能究竟圓通，回超三界。」〔註71〕基於以上兩方面的認識，張伯端認爲，「性命本不相離，道釋本無二致，彼釋迦生於西土，亦得金丹之道，性命兼修，是爲最上乘法，故號曰金仙。」〔註72〕他以性命雙修的金丹爲修仙登眞之至道，並認爲修道的順序應該是先命後性，之所以如此，是因爲「先性故難，先命則有下手處，譬之萬里雖遠，有路耳。先性則如水中捉月，然及其成功則一也。先性者或又有勝焉，彼以性制命，我以命制性故也，未容輕議。」〔註73〕故以《悟眞篇》闡述內丹修煉次序：「先以神仙命術誘其修煉，次以諸佛妙用廣其神通，終以眞如覺性遣其幻妄，而歸於究竟空寂之本源矣。」〔註74〕張伯端首先以傳統道教的養命固形術爲「初關」，在「命功」有成之後，引入佛教的神通妙用爲「中關」，強調還應進一步修煉「性功」，最後以佛教禪宗的「空寂之本源」作爲修道的「上關」，從而圓融佛道於「性命雙修」之上。張伯端所宣揚的「性命雙修」，其實是以肉體的修煉爲基，以慧能禪的「明心見性」爲旨，形成了金丹派南宗先命後性的漸修頓悟的獨特的修道進路。這種修道進路的形成，是與張伯端援禪入道，從慧能禪「明心見性」的角度對精、氣、神三者的關係進行分析和對心神、性命的詮釋分不開的。

張伯端認爲，在精、氣、神三者中，「神者，精氣之主」，神又以心爲載體，「心者，神之舍也」，神在精、氣、神三者中起著主導作用，「神爲重，金丹之道始終以神而用精氣也」，然而占主導地位的神本身又有先天之元神與後天之欲神之分，「夫神者，有元神焉，有欲神焉。元神者，乃先天以來一點靈光也；欲神者，氣稟之性也。元神乃先天之性也，形而後者氣質之性，善反之，則天地之性存焉。」〔註75〕神的這種區分，爲修道的路徑應從精神上回

〔註69〕《道藏要籍選刊》第6冊，第287頁。
〔註70〕《道藏》，第2冊，第964頁。
〔註71〕《悟眞篇拾遺》，《道藏》第2冊，第1030頁。
〔註72〕《歷世眞仙體道通鑒》卷四九，《張用成傳》，《道藏》第5冊，第383頁。
〔註73〕《青華秘文·直泄天機圖論》，《道藏》第4冊，第371頁。
〔註74〕《悟眞篇拾遺》，《道藏》第2冊，第1030頁。
〔註75〕《青華秘文·神爲主論》，《道藏》第4冊，第364頁。

歸人的先天之元神爲目標提供了理論依據，這也是對傳統重在肉體長生的道教的重大變革，這種強調內在精神回歸的思路無疑是受到了儒家思孟學派和慧能禪宗的深刻影響。張伯端所提出的「元神」，其實來源於禪宗的「自識本心、自見本性」之「本心」。「元神」爲「先天以來一點靈光」，當作爲修道的目標，而要達於這一目標，還要「忘心」，於忘之中尋覓「眞心」：「忘者，忘心也。覓者，眞心也。但於忘中生一覓意即眞心也，恍惚中始見眞心。眞心既見，就此眞心生一眞意，……要在乎無中生有，有中生無，到這境界並眞心俱忘而棄之也。」〔註76〕「眞心既見，就此眞心生一眞意」，就如同禪宗在一念之中產生眞正的般若觀照，這種心即空無的思想脫胎於佛禪，將心無作爲修煉的最高境界。「心者眾妙之理而宰萬物也，性在乎是，命在乎是。若夫學道之士，先須了得這一個字，其餘皆後段事矣。」〔註77〕「欲體夫至道，莫若明乎本心。故心者道之體也，道者心之用也。人能察心觀性，則圓明之體自現，無爲之用自成，不假施功，頓超彼岸。此非心境朗然，神珠廓明，則何以使諸相頓離，纖塵不染，心源自在，決定無生者也哉。」〔註78〕心是道之體，是得道之關鍵。心又是性的載體，性由心表現出來。「蓋心者，君之位也。以無爲臨之，則其所謂動者，元神之性耳；以有爲臨之，則其所以動者，欲念之性耳。有爲者，日用之心；無爲者，金丹之用心也。以有爲及乎無爲，然後以無爲而利正事，金丹之入門也。」〔註79〕無爲、不動爲心，動則爲神，無爲之動爲元神，有爲之動爲欲神。與無爲之動相應的性是元神之性，與有爲之動相應的性是欲念之性。只要明其無爲之心，見其元神之性，就能頓悟內丹修煉之「無爲妙覺之道」。張伯端援引禪宗的「明心見性」，將道禪合而爲一，這不僅使他的性命雙修具有濃重的佛禪色彩，而且還使得他所說的成仙之境已經不再是傳統道教的肉體飛升，而是「以命取性」，偏重於精神上之超越，這也進一步促進了道教由傾向於服食丹藥的外丹修煉過渡到以內煉精氣神的內丹修煉，特別是爲人們從心性上尋求超越之道開闢了新的思路。

　　此外，張伯端還有統合金丹道與佛禪的傾向，「切以人之生也，皆緣妄情

〔註76〕《青華秘文·採取圖論》，《道藏》第4冊，第367頁。
〔註77〕《青華秘文·神爲主論》，《道藏》第4冊，第363～364頁。
〔註78〕《悟眞篇後序》，《道藏》第2冊，第968頁。
〔註79〕《青華秘文·神爲主論》，《道藏》第4冊，第364頁。

而有其身，有其身則有患，若無其身，患從何有？」〔註80〕這裡明顯是採用了佛教的緣起說，當然也表露出他試圖融彙佛、道的傾向，另一處更為明顯，「從來萬法皆無相，無相之中有法身，法身即是天真佛，亦非人兮亦非物，浩然充塞天地間，只是希夷並恍惚」〔註81〕他還認為佛教修煉涅槃真宗，往歸西方極樂世界，乃與金丹之道一而不二，實質一樣，「釋氏教人修極樂，只緣極樂是金方。」〔註82〕翁葆光在注釋〈《紫陽真人〈悟真篇〉注疏》卷六中說，「極樂淨土在西方，西者，金之方，此中惟產金丹一粒如黍，其重一斤。釋氏餌之，故有丈六金身，妙色身相，蓋猶金丹而產化也。」此即以內丹道來解釋佛教，認為成佛與煉金丹並無實質性的差別。而且從佛、道修煉旨趣上來說，「老釋以性命學，開方便門，教人修種，以逃生死。釋氏以空寂為宗，若頓悟圓通，則直超彼岸。如有習漏未盡，則尚徇於有生。老氏以煉養為真，若得其要樞，則立躋聖位；如其未明本性，則猶滯於幻形。」〔註83〕這更是主張佛、道不二，二教的精神歸趣是一致的。張伯端的這一主張對後世丹道影響極大，在南宋之後的內丹道教中，有不少人強烈主張道禪合一，甚至提出以禪代道，追溯其源，當於張伯端《悟真篇》的這一思想的影響有關。

不過，我們看到，張伯端在援禪入道的同時，對佛、道二教的差異還是有清醒之認知的。「道家以命宗立教，故詳言命而略言性；釋氏以性宗立教，故詳言性而略言命。」〔註84〕張伯端認為禪宗只圖口說，奢談明心見性，其實缺乏實在的踐履功夫。「我見時人說性，只誇口急酬機。及逢境界轉癡迷，又與愚人何異？說得便須行得，方名言行無虧」〔註85〕即便言行一致，修煉禪宗了悟真如佛性，也難免有拋身卻入身之感，所謂，「饒君了悟真如性，未免拋身卻入身。若解更能修大藥，頓超無漏作真人。」〔註86〕

因此，對於張伯端與禪宗的關係，一方面應該看到他吸取禪宗的明心見性的思想，加以改造後成為「達本明性之道」，這提升了道教的精神超越之境，在一定程度上革新了傳統道教的修道理論，另一方面，我們也應看到，張伯端對禪宗的思想尚未完全消化，對移植過來的思想究竟如何與道教的實際修

〔註80〕 《悟真篇後序》，《道藏》第4冊，第749頁。
〔註81〕 《悟真篇·禪宗歌頌》，《道藏》第4冊，第747頁。
〔註82〕 《悟真篇》卷下，《七絕》之四，《道藏》第4冊，第738頁。
〔註83〕 《悟真篇·自序》，《道藏》第2冊，第914頁。
〔註84〕 《歷世真仙體道通鑒》卷四九，《張用成傳》，《道藏》第5冊，第383頁。
〔註85〕 《悟真篇拾遺·西江月》其十一，《道藏》第4冊，第743頁。
〔註86〕 《道藏》第2冊，第964頁。

煉結合起來，他的研究還不是很深透。這具體反映在《悟眞篇》和其思想體系中關於修命與修性的思想混亂上。這一矛盾，其實也正是傳統道教在看待生命問題、超脫境界等相關問題上的混亂表現。我們認爲，正是這些問題和矛盾的存在，促使一代又一代的優秀道教理論家更加深刻地思考並設法圓融解決上述問題和矛盾，從而有力推進了宋元和此後道教理論建設的大發展。

第三節 「至道在心，即心是道」
——白玉蟾以心性爲底蘊構築「三教合一」思想

一、白玉蟾與全眞南宗法統的建立

白玉蟾，原姓葛，本名長庚，字白叟，又字如晦，後改名玉蟾。其道號也有諸多種，或號海瓊子，或號瓊山道人，或號海南翁，或號瓊山老叟，或號武夷散人，或號神霄散吏、子清眞人等。其先祖世居福建，「世爲閩（福建）人」，後因祖父任職於瓊州而誕生於海南，「以其祖任瓊州之日，故生於海南」。〔註87〕關於其生卒年月，學界頗有爭議。〔註88〕卿希泰主編的《中國道教史》第三卷認爲，白玉蟾生於宋光宗紹熙甲寅年（西元 1194 年），卒於紹定己丑年（西元 1229 年）。據白玉蟾弟子彭耜所著《海瓊玉蟾先生事實》及清人彭竹林撰《神仙通鑒白眞人事迹三條》等史料推斷，白玉蟾應生於南宋玄宗紹興四年（西元 1134 年），卒於南宋理宗紹定二年（西元 1229 年）。考慮到彭耜乃白玉蟾嫡傳弟子，其師事迹本行的記載，應該比較可靠。

白玉蟾「生而穎異，丰姿駿發」，〔註89〕及長，更加博學多才，詩賦書畫，樣樣俱佳。元代趙道一的《歷世眞仙體道通鑒》稱他：「博恰儒書，究竟禪理，出言成章，文不加點；隨身無片紙，落筆滿四方。大字草書，視之若龍蛇飛

〔註87〕崔述：《崔東壁遺書》，上海：上海古籍出版社 1983 年版，第 6594 頁。

〔註88〕此討論，可參見何敦鏵《關於道教金丹派南宗第五祖白玉蟾幾個問題的探索》，《世界宗教研究》1999 年第 4 期；謝金良《白玉蟾的生卒年月及其有關問題考辨》，《世界宗教研究》2001 年第 4 期；王尊旺、方寶璋《也談白玉蟾生卒年代及其有關問題》，《世界宗教研究》2003 年第 3 期；符穎、符和積《白玉蟾生卒年歲疑》，《中國道教》2005 年第 3 期等論述。

〔註89〕歐陽哲生主編：《胡適文集》卷十，北京：北京大學出版社 1998 年版，第 590 頁。

動，兼善篆隸，尤妙梅竹而不輕作。間自寫其容，數筆立就，工畫者不能及。」
〔註90〕在內丹理論上，則出儒入禪，融禪合道，弟子留元長在其所編《海瓊
問道集》中，這樣描述其師，「三教之書，靡所不究。每與客語，覺其典故若
泉湧然，若當世飽學者未能也。」〔註91〕儒、佛、道三教合冶於一爐，性命
貫穿於理法，既繼承了道教金丹南宗之學，同時又兼通道教內部各派大法，
外包三教，內融諸派，善取各家之長，最少門戶之見，因而取得很高之成就。
臺灣著名道教學者蕭天石先生在《道藏精華》第十輯編《白玉蟾全集》時這
樣評價白玉蟾，「為道家南宗正統，丹鼎中最傑出之仙才。自幼厭穢風塵，臊
膻名利，慕長生久視之道，喜神通變化之術，長遊方外，沉潛性命，盡得紫
陽、泥丸之密旨。宗大易而道陰陽，尊德性而趨禪樾，世稱其出入三氏，籠
罩百家，乃神仙家中震古爍今人物。」

　　南宗五祖之中，白玉蟾的著述最為富贍，且大多存留於世。既有內丹方
面之著作，也有外丹及雷法的撰述。此外，他的詩文也是道教文學中的上佳
之品。其內丹方面的著作主要有《玉隆集》、《上清集》、《武夷集》、《海瓊先
生文集》、《太上老君說常清靜經注》、《白先生金丹火候圖》、《金液還丹印證
圖詩》等。雷法方面的著作主要有《九天應元雷聲普化天尊玉樞寶經集注》、
《玄珠歌注》、《坐煉功夫》、《道法九要》、《書符內秘》、《汪火師雷霆奧旨序》
等。《海瓊問道集》、《海瓊白真人語錄》、《海瓊傳道集》、《靜餘玄問》為其門
下弟子所錄編，記述其日常傳道授法之語錄。而《紫清指玄集》則是後人對
他的言論的精粹彙編。道教文學方面的著作有《遊仙岩記》、《棘隱書》、《快
活歌》等。《金華沖碧丹經秘旨》則是白玉蟾所傳的一部外丹著作。

　　張伯端的後學，《混元仙派圖》列其門下有劉奉真、馬自然、石淳一等人。
《青華秘文》列有弟子王邦叔。兩宋之際的劉永年、翁葆光等陰陽雙修派也
自稱得丹訣於張伯端。但後世影響較大的則是：張伯端 —— 石泰 —— 薛道光
—— 陳楠 —— 白玉蟾這一傳法世系，即道教史上所謂的全真道南宗。從張伯
端著作《悟真篇》闡揚內丹旨趣到陳楠四代單傳，並未形成後來意義上的道
派或教團。

　　全真道南宗傳法世系的建構當始於白玉蟾及其門下弟子。白玉蟾在《謝
張紫陽書》中論及金丹南宗傳承時云：「先師泥丸先生翠虛真人出於祖師毗陵

〔註90〕　《歷世真仙體道通鑒》卷四九，《張用成傳》，《道藏》第 5 冊，第 386 頁。
〔註91〕　《海瓊問道集・留元長序》，《道藏》第 33 冊，第 140 頁。

和尙薛君之門，而毗陵一線實自祖師杏林先生石君所傳也。石君襲紫陽祖師之道。」〔註92〕白玉蟾弟子紫元子留元長則將這一傳承譜系追溯到了呂洞賓，從而將張伯端的丹道系統與鍾呂內丹道的傳承接續起來：「白君得之於陳泥丸，陳得之於薛道光，薛得之於石泰，石得之於張平叔，張得之於劉海蟾，劉得之於呂洞賓。」〔註93〕而同爲白玉蟾弟子的刀圭子陳守默、紫芝子詹繼瑞則進一步將其傳承法系追溯至鍾離權：「昔者鍾離雲房以此傳之呂洞賓，呂傳之劉海蟾，劉傳之張平叔，張傳之石泰，石傳之道光和尙，道光傳之陳泥丸，陳傳之白玉蟾，即吾師也。」〔註94〕上述傳法譜系，張廣保在《唐宋內丹道教》一書中做了比較詳盡的考辨，認爲留元長，陳守默、詹繼瑞所敘述的傳法世系尤其是將張伯端內丹道傳承與鍾呂一派的傳承接續在一起的做法，在南宋時期並沒有得到廣泛承認。〔註95〕綜合白玉蟾及其門下弟子的敘述，我們認爲，從張伯端到白玉蟾這一系的傳承法系的構建應還是比較可靠和可信的。

石泰、薛道光、陳楠、白玉蟾都是奉張伯端《悟眞篇》爲祖經，以重丹和闡揚張紫陽的「三教合一」思想爲宗旨。石泰，字得之，號杏林，今常州人，著有《還源篇》。薛道光，字太源，今陝西人，嘗爲僧，法號紫賢，著有《還丹復命篇》等。陳楠，字南木，號翠虛，今廣東人，傳世有《翠虛篇》、《紫庭經》等。陳楠師承毗陵禪師薛道光，下傳白玉蟾，在全眞南宗傳承史上具有承上啓下的地位，更重要在於，陳楠對張伯端以來的「三教合一」思想具有較大的發展：如他認爲「天仙之學，如水精盤中之珠，轉滾滾地，活潑潑地，自然圓陀陀、光爍爍。」這就展示了南宗內丹與長年談論問答、枯坐昏沉的禪宗的本質區別，多少彌補了張伯端過分重視道、禪相通和相同的方面，而忽視其差異或不同；但這並非說陳楠並不注重道、禪的相同或相通之處，如他說，「人若曉得《金剛》、《圓覺》二經，則金丹之義自明，何必分老、釋之異同哉？天下無二道，聖人無兩心，何況人人俱是，個個圓成。」〔註96〕陳楠的思想對白玉蟾有較大影響。白玉蟾從其師既修內丹兼修雷法，在「內煉成丹，外煉成法」的召引下，信徒越來越多，一改前四祖之單傳現

〔註92〕 《修眞十書‧指玄篇》卷六，《道藏》第4冊，第625頁。
〔註93〕 《海瓊問道集‧留元長序》，《道藏》第33冊，第140頁。
〔註94〕 《海瓊傳道集序》，《道藏》第33冊，第147頁。
〔註95〕 具體考析，請見是書第396頁。
〔註96〕 《修仙辨惑論》，《道藏》第4冊，第618頁。

象，弟子遍佈江南地區，史稱「四方學者，來如牛毛」。〔註 97〕白玉蟾收有
彭耜、留元長、陳守默、詹繼瑞等爲徒，而且仿漢天師「二十四治法」，依
「師家曰治，民家曰靖」的傳統，設立了以「靖」爲名的教團組織。白玉蟾
立碧芝靖，弟子彭耜立鶴林靖，林伯謙立紫光靖，彭耜曾對其徒林伯謙說，
「大凡奉法之士，其所以立香火之地，不可以不奏請靖額也。」〔註 98〕師徒
幾人均有一「靖」，並有「奏請靖額」，說明他們已經通過固定的「靖」這個
宗教場所來奉持修道。「靖」的設立標誌著道教史上的金丹南宗的眞正創立，
從這一意義上來說，白玉蟾對南宗傳法世系的建構不但符合建立教團、擴大
教團影響的實際需要，也對南宗理論譜系的內在邏輯做了很好的總結和闡
發。

二、白玉蟾「以心契道」的心性論思想

　　白玉蟾沿著張伯端、陳楠所開創的重視內在心性修養的發展理路，融攝
理學與禪宗，尤其是直接採用禪宗心性理論進行改造爲道所用，相較張伯端、
陳楠諸人，白玉蟾建構起了比較完備的內丹心性理論，其哲學基礎無疑是「三
教合一」思想的滲透和積澱。

　　白玉蟾認爲，心性的修煉是儒、佛、道三教之核心，在歸根復命這一根
本目標上，三教是相同並相通的。這一點，其祖師張伯端早在《悟眞篇》裏
便明確提出並闡揚，「教雖分三，道乃歸一」，白玉蟾繼承並發展了這一思想：
在白玉蟾看來，「天下無二道，聖人無兩心。會萬化而歸於一道。」〔註 99〕更
進一步，白玉蟾直接將「心」與「道」等同起來，把小我融入大我之中，泯
滅身心、內外、物我之差別，從而證成永恒不朽的大道。

　　道是宇宙萬物的本體同時也是本源：「古者虛無生自然，自然生大道，大
道生一氣，一氣分陰陽，陰陽爲天地，天地生萬物，則是造化之根也。此乃
眞一之氣，萬象之先、太虛太無、太空太玄……不可得而名者。聖人以心契
之，不得已而名之曰道。以是知心即道也，故無心則與道合，有心則與道違。」
〔註 100〕這段話說明，作爲萬物本源、本體的大道需要人心去契合、去把握，

〔註 97〕 《武夷集》卷三，《道藏》第 4 冊。
〔註 98〕 《海瓊白眞人語錄》卷二，《道藏》第 33 冊，第 124 頁。
〔註 99〕 《修眞十書》中《雜著指玄篇》卷六，《謝張紫陽書》，《道藏》第 4 冊，第 625
　　　　頁。
〔註 100〕 《海瓊問道集・靜餘玄問》，《道藏》第 33 冊，第 412 頁。

一旦爲人們所把握、認知，它就存於人們的心中。「無心」和「有心」則是說，人心不爲情欲所亂時，才能把握道、與道契合；否則，非但把握不了道，行爲上還有可能與道相違背、相悖離。值得注意的是，從石泰到白玉蟾，南宗最終回覆到原始道家的立場，即更多地從生成論的角度，而不是從緣起論的角度（其祖師張伯端更多是從援禪入道的角度、從緣起論的角度，這一點，張伯端的思想體系中其實是有矛盾的）來看待人與萬物之生成。如老子《道德經》以「道」爲宇宙萬事萬物之根本，白玉蟾也認爲，「道」寓於萬事萬物之中，主宰和決定著萬事萬物之發展、變化：「道爲萬化之宗。道在萬化而非萬化。萬化出乎於道而入乎道。」〔註101〕同時，「道」還是永恒存在的，無窮無盡，無始無終，無生無死：「有物混成，先天地生，廓然獨存，無窮無盡」、「同乎無始，同乎無終」。〔註102〕對道的本源、本體及屬性的描述，白玉蟾完全繼承並回歸了道家固有之觀點，其創新之處在於論證「心」與「道」的合一。

　　白玉蟾在哲理層次上認爲，心如同道一樣，是萬物化生的本源：「心者，造化之源。」〔註103〕心如同道一樣，還是萬物之本體：「一心本存，包含萬象」。〔註104〕心是萬事萬物的本源和本體，人身中固有心，因而「天地與我同根，萬物與我同體」，〔註105〕質言之，「我即天地，天地即我」。〔註106〕在白玉蟾看來，心之所以能夠與道一樣成爲本源和本體，是因爲它與道一樣能虛、能靜，因而能與道合：「心所以能合道也，虛而能空，寂而不見，心爲萬法之主。」〔註107〕如同道的本性爲虛一樣，心也有虛空之本性：「萬法歸一，一心本空。」〔註108〕一方面，心虛而空，故能容納萬物，心即是宇宙，宇宙即在我的心中，這與白玉蟾同時而略早的陸九淵所說的「宇宙便是吾心，吾心即是宇宙」的觀點頗爲接近。另一方面，心虛而空，自然也能如道一樣融於萬物之中，這樣就能達到「見物便見心，見心便見道，心超物外而不外物。」〔註109〕所以，

〔註101〕《道德寶章・淳德》，《藏外道書》第 1 冊，第 308 頁。

〔註102〕《道德寶章・象元》，《藏外道書》第 1 冊，第 300 頁。

〔註103〕《道德寶章・貴生》，《藏外道書》第 1 冊，第 305 頁。

〔註104〕《道德寶章・能爲》，《藏外道書》第 1 冊，第 297 頁。

〔註105〕《道德寶章・韜光》，《藏外道書》第 1 冊，第 296 頁。

〔註106〕《道德寶章・韜光》，《藏外道書》第 1 冊，第 296 頁。

〔註107〕《道德寶章・後己》，《藏外道書》第 1 冊，第 308 頁。

〔註108〕《道德寶章・體道》，《藏外道書》第 1 冊，第 295 頁。

〔註109〕《道德寶章・巧用》，《藏外道書》第 1 冊，第 300 頁。

心與道、物之間的關係就是：「心為萬物之宗，道為一心之體」。〔註110〕心為萬物的本源和本體，道為心之體，心為道之用。白玉蟾的這一觀點在形而上的層次上打通了心、道、物之間的關係，不能不說是一個重要的哲學創獲。「人之心本自圓通，本自靈通。」〔註111〕道存在於心中，心中滿溢的就是道，所以「道即心，心即道」。〔註112〕白玉蟾把心提高到宇宙萬事萬物之本源、本體的高度，突出了心的地位，豐富了心的內涵，更重要的是，發展了唐代以來的道教之心性論，也為儒、佛、道三教在共同心性上的圓融、契合打下了堅實基礎。

白玉蟾不僅詳盡論證了心與道同，而且進一步從哲理上探討了心、性、神、道的關係。在白玉蟾看來，心與道同，心、性、神三者還是三位一體的，它們相互依存，相互統一：「心即性，性即神，神即道。」〔註113〕即心、性、神統一於道並等同於道：「性無體，神無方，綿古亙今，昭然若存。」〔註114〕「神者萬化之主，心者大道之源，即心是道，神亦道，性亦道。」〔註115〕「道即心也，道如虛空，性與道合，神與道存。天崩地裂，此性不壞。虛空小隙，此神不死。」〔註116〕心是道的本源，道就存於人們心中，明心即可見道。神是心的功能的體現，是萬物之主宰。道不因萬物的壞朽而壞朽，與道相合的性當然也是永恒的。道為至虛，不會消散，與道同體之神當然也不會滅亡。這裡，白玉蟾明確提出並論證心、性、神三位一體而相互依存，是對道教心性理論的發展與超越。此前道教重在精、氣、神之修煉，從精入手，以氣為核心，以神為用；白玉蟾把心、性、神等同起來，修煉就變為從心入手，以見性為核心，以神為妙用，這就為道教內煉從實體修煉轉變為心性之超越提供了契機，也使之在三教關係的層次上，更能與佛禪的明心見性之主張進行融通、對話和交流。這種轉變，使得修道即修心，煉丹即煉心，使得道教理論的內趨化、心性化色彩越來越加明顯和濃厚。

「心即是道」是從哲學層面而言，落實在具體的內丹修煉中便是「即心求道」。對此，白玉蟾論述道，「夫金丹者，金則性之義，丹者心之義。其體

〔註110〕《道德寶章・象元》，《藏外道書》第1冊，第300頁。
〔註111〕《海瓊白真人語錄》卷一，《道藏》第33冊，第113頁。
〔註112〕《道德寶章・歸根》，《藏外道書》第1冊，第298頁。
〔註113〕《道德寶章・益謙》，《藏外道書》第1冊，第299頁。
〔註114〕《道德寶章・贊玄》，《藏外道書》第1冊，第298頁。
〔註115〕《道德寶章・益謙》，《藏外道書》第1冊，第299頁。
〔註116〕《道德寶章・守道》，《藏外道書》第1冊，第307頁。

謂之大道，其用謂之大丹，丹即道也，道即丹也。」〔註117〕認爲金丹即爲心性，道爲心之體，丹爲心之用，道即是丹，故煉丹即是修道。他進一步論述道，「丹者，心也。心者，神也。陽神之一謂陽丹，陰神之一謂陰丹，其實皆內丹也。脫胎換骨，身外有身，聚則成形，散則成氣，此陽神也。一念清靈，魂識未散，如夢如影，其類乎鬼，此陰神也。」〔註118〕在白玉蟾看來，丹就是心，就是神，所謂陰神、陽神其實都是指內丹，所以內丹修煉成功與否的關鍵就在於心性的錘煉，就在於追求「無心之心」；是在「心上功夫，不在吞津咽氣」，是在變塵心（後天的心）爲眞心（先天的心）。心只有一個，「塵心」和「眞心」，是就心的存在狀態所作的區分。後天的人心只要清靜無爲，不受情欲之干擾、污染，就一定能夠轉化爲眞心、先天之心，「以是心即道，故無心則與道合，有心則與道違。」〔註119〕修煉不能沒有先天之心、不能沒有眞心，不能有後天之心、污染之心，這就是所謂的「無心」。而要煉成「無心之心」，「要在忘我，忘心，忘性，忘神，忘忘亦忘」，〔註120〕只有忘掉一切，甚至把忘的過程也忘掉，才能做到「心性無染，體露眞常」，〔註121〕也才能煉成「無心之心」。總之，「忘物，忘我，忘心，忘性，忘神。神全，性全，心全，我全，物全。」〔註122〕白玉蟾以一個「忘」字，而把唐代重玄思想精蘊運用於內丹修煉，既顯示他的極高的理論概括能力，又體現了他圓融三教的眞實功力；白玉蟾的「三教合一」思想較之前面陳摶以降的幾位祖師，已經有非常系統、明晰的道教心性論底蘊。

三、白玉蟾「三教合一」思想的表現與特色

（一）合三立一

　　「心通三教，學貫九流」〔註123〕的內丹思想明顯地表現出其融通儒、佛、道三教的特色，「多覽佛書，研究禪學」，〔註124〕使得他的內丹理論中滲透著濃厚的禪學味道，繼承並發展了陳摶、張伯端的援佛禪入道的思想。

〔註117〕《鶴林問道篇》，《藏外道書》第5冊，第102頁。
〔註118〕《海瓊白眞人語錄》卷一，《道藏》第33冊，第112頁。
〔註119〕《海瓊問道集》卷二，《道藏》第33冊，第148頁。
〔註120〕《道德寶章‧天道》，《藏外道書》第1冊，第310頁。
〔註121〕《道德寶章‧天道》，《藏外道書》第1冊，第310頁。
〔註122〕《道德寶章‧養德》，《藏外道書》第1冊，第305頁。
〔註123〕《跋修仙辨惑論序》，《藏外道書》第3冊，第21頁。
〔註124〕《跋修仙辨惑論序》，《藏外道書》第3冊，第21頁。

白玉蟾在他的「三教合一」思想中，明確提出三教異門同源之說，謂「三教異門，源同一也。」〔註 125〕其同就是同於道，其源就是源於心、源於性。其師陳泥丸認為，「天下無二道，聖人無兩心。」〔註 126〕對此，白玉蟾進一步闡發道：「鑿石以求玉，淘沙以取金，煉形以養神，明心以合道，皆一意也。……以此理而質之儒書則一也，以此理而質之佛典則一也，所以天下無二道，天之道無二理，而聖人之心豈兩用邪！」〔註 127〕白玉蟾還認為「道、釋、儒門，三教歸一，算來平等肩齊。道分天地，萬化總歸基。」〔註 128〕從而對區分儒、佛、道三教高低的觀點進行了批駁。當有人問及三教是同抑或別時，他用類似禪宗機鋒式的方法啓發他們說，「不知說個何年事，直至而今笑不休。」〔註 129〕

不過，值得我們注意的是，白玉蟾在認為三教同源一致的同時，對三教進行了區分。三教同源異流的觀點雖非其首創，但他能夠把儒、佛、道三教的形而上與形而下聯繫起來，著眼於聯繫來分判三教之異同，這是此前道教思想家甚而儒、佛兩家也未能做到的。他把儒、佛、道三教分別歸結為「誠」、「定」、清靜：「若夫孔氏之教，惟一字之誠而已。釋氏之教，惟一字之定而已。老氏則清靜而已。」〔註 130〕在白玉蟾看來，儒家講究「正心誠意」，所以儒家之核心可用一「誠」字來概括，但「誠」落實到修養功夫上也只限於自我反省，只知修，不知悟，因而不能達本明性，所謂「多少老儒學周易，豈知太極歸無極。忘形便欲任天眞，只恐春歸草無力。」〔註 131〕儒家「誠」的個體的自我反省、修養難以直接過渡到「致君堯舜上，再使風俗淳」的改良社會和平治天下的目標，所以儒家的修養（致公）往往落空，又不知宇宙無極之根源，所以也不能解決生死、性命問題。〔註 132〕佛教以靜坐煉心為修煉途徑，故其強調「定」，但如果把「定」作為修煉之核心，只能積陰魂而求死樂寂滅，在實際效果上往往便會落空，難免誤入「頑空」，因為「定」中沒有實際的東西存在，禪宗之棒喝也難以讓人開悟，即便偶然開悟也不知悟後

〔註 125〕《海瓊白眞人語錄》卷三，《道藏》第 33 冊，第 130 頁。
〔註 126〕《修仙辨惑論》，《道藏》第 4 冊，第 618 頁。
〔註 127〕《修眞十書‧指玄篇》卷六，《道藏》第 4 冊，第 625 頁。
〔註 128〕《鶴鳴餘音》卷三，《道藏》第 24 冊，第 270 頁。
〔註 129〕《海瓊白眞人語錄》卷三，《道藏》第 33 冊，第 130 頁。
〔註 130〕《海瓊白眞人語錄》卷三，《道藏》第 33 冊，第 129 頁。
〔註 131〕《海瓊白眞人語錄》卷四，《萬法歸一歌》，《道藏》第 33 冊，第 134 頁。
〔註 132〕我們認為，這一批評似乎對當代新儒家的反思也有建設性意義。

起修，是不解渴的「乾慧」，不能料性命大事：「參禪見性契真如，莫道無心便靠虛。悟了不行乾智慧，千崖萬壑涉程途。」〔註133〕並以南宗三祖薛道光棄佛投道之事來說明禪宗虛而不實，不能了性命大事：「昔日毗陵薛真人向禪宗了卻大事，然後被杏林真人穿卻鼻孔，所謂千虛不搏一實。」〔註134〕白玉蟾把道教之核心概括為「清靜」二字，它的內涵既是外在的無極大道，也內化為心中的道義，需要人們去體悟和認知，而這種體悟認知，既需要儒家的篤「誠」精專，也需要佛教的「定」觀慧解，而且需要把這二者都落到實處，通過陰陽二氣此消彼長的修煉，成就純陽之真精，凝結成丹胎，最後脫胎神化，超越狹隘的小我，超越天地，把小我融入大我之中，泯滅身心內外物我之差別，凜然獨存，證成永恒不朽之大道。

顯然，白玉蟾道教思想雖體現出相當的「三教合一」的綜合和涵適性，但其「三教合一」理論，同宋元理學家一樣，只是一種建構自身體系的手段，其實質並不是簡單之調和論，而是以道教為本位，吸取儒、佛思想在於構建道教內丹理論，在於「合三而立一」。

（二）融合理學入道

白玉蟾創教和傳道的主要地方在福建，晚年尤以武夷山為中心，因而，深受在當地創立「閩學」的南宋理學大師朱熹之影響，他在《化塑朱文公遺像疏》中說：「天地棺，日月葬，夫子何之。梁木壞，泰山頹，哲人萎矣。兩楹之夢既往，一唯之妙不傳。竹簡生塵，杏壇已草。嗟文公七十一祀，玉潔冰清；空武夷三十六峰，猿啼鶴唳。管弦之聲猶在耳，藻火之象賴何人。仰之彌高，贊之彌堅。聽之不聞，視之不見，恍兮有象，未喪斯文。惟正心誠意者，知欲存神索至者說。」這裡，白玉蟾不僅表達了自己對朱熹的欽佩和崇敬之情，還反映了他對朱子理學精蘊的正確理解，即「正心誠意」，也同他把儒家之教以一「誠」字概括是相一致的。正因如此，「誠」的概念在白玉蟾內煉學說和人生境界的追求中得到了充分之表達：白玉蟾認為，修真之士要以誠心立其志：「修真之士，誠心以立其志，苦節以行其事，精思以徹其感，忘我以契其真。苟能如此，經云，『宇宙在乎手，萬化在乎身。』」〔註135〕在如何達「誠」的路徑上，白玉蟾要求「先立正己之心，毋生妄想，審究真偽」，

〔註133〕《海瓊白真人語錄》卷四《萬法歸一歌》，《道藏》第33冊，第134頁。
〔註134〕《海瓊白真人語錄》卷三，《道藏》第33冊，第127頁。
〔註135〕《海瓊白真人語錄》卷二，《道藏》第33冊，第125頁。

〔註 136〕「眼不外視，耳不外聽，節飲食，省睡眠，絕笑談，息思慮。」〔註 137〕
這與理學家以「誠」之修身功夫如出一轍。

不僅如此，在白玉蟾的內丹思想中，「誠」——態度虔誠，用心至誠可以
感召神靈，與道合一：「一念之誠與道合眞，故可感召眞靈無疑矣。」〔註 138〕
「大道獨超乎死生，至誠可回於造化。存乎誠而合道，得是道者皆誠。」〔註 139〕
故，修煉之人心「誠」則可得道，得道者其心必「誠」，凡修道之人「所以啟
修仙學道之路，從而建正心誠意之門。」〔註 140〕理學家所主張的「正心誠意」
被白玉蟾視爲修道之必由之路，從而透露出其「三教合一」思想之濃厚的理
學色彩。

白玉蟾還融合了理學家們的稟受之說。張載在講人的「氣質之性」時
說，人由於稟受陰陽二氣而有善有惡；二程講人之善惡也是由於稟氣不同，
所謂「氣有清濁，稟其清者爲賢，稟其濁者爲愚。」〔註 141〕朱熹根據人的
稟受不同，而把「心」分爲「道心」和「人心」，天理即是「道心」，人欲即
是「人心」，所以他主張「存天理，滅人欲」。白玉蟾也作如是說：「夫人之
身所有一氣東升西沈，上陞下降亦如天地。天地之氣曰陰曰陽，人所稟亦如
之。」〔註 142〕人與天地萬物均體同氣，而人的善惡仙凡則是由於其稟受有
異，人們如果希望成仙登眞，就必須弘揚善的一面，而拋棄惡的一面。具體
到修煉過程中，終日如愚，摶氣致柔，就能夠「以坎中天理之陽點破離中人
欲之陰」。〔註 143〕這就把理學家們所講的人性論和修養法引入到道教的內煉
學說中來，從而使兩者交融在一起。朱熹講「道心」、「人心」，「天理」、「人
欲」；白玉蟾講「性命」、「心氣」其理也是一致的：「以天理勝人欲，儉視，
儉聽，儉思，儉爲……有所操存涵養，克人欲，求天理，克己復禮，道即心
也。」〔註 144〕他的這些思想，可以說與宋代理學家們的思想是完全合拍的。

白玉蟾還把儒家理學修養的知止觀納入其修道理論當中。《大學》有云，

〔註 136〕《道藏》，第 28 冊，第 678 頁。
〔註 137〕《道藏》第 33 冊，第 135 頁。
〔註 138〕《海瓊白眞人語錄》卷一，《道藏》第 33 冊，第 112 頁。
〔註 139〕《海瓊白眞人語錄》卷四，《道藏》第 33 冊，第 136 頁。
〔註 140〕《海瓊白眞人語錄》卷四，《道藏》第 33 冊，第 136 頁。
〔註 141〕《二程集》第 1 冊，北京：中華書局 1981 年版，第 204 頁。
〔註 142〕《道藏》第 33 冊，第 127 頁。
〔註 143〕《藏外道書》第 5 冊，第 130 頁。
〔註 144〕《瓊宮眞人集》，《藏外道書》第 1 冊，第 292 頁。

「知止而後有定，定而後能靜」。白玉蟾從止、定、靜的關係出發提出，「知止而後有定，定而後有靜。靜定日久，聰明日全，天光內燭，心純乎道，與道合眞，抑不知孰爲道，孰爲我，但覺其道即我，我即道，彼此相忘於無忘可忘之中，此所謂至道也。」〔註145〕在白玉蟾看來，通過靜心而後知止而至相忘，則可「心純乎道，與道合眞。」「與道合眞」是白玉蟾丹法之核心和精髓，當修煉實現了這一目標，便實現了「道即我，我即道」的道我一體之境界。

（三）改造佛禪為用

白玉蟾在援引佛教時，偏重於對禪宗的融會。白玉蟾提出了「至道在心，即心是道，六根內外，一般風光」、「三界唯心，一切唯識」、「一心所存，包含萬象」等觀點，所有這些都受佛教尤其是禪宗之影響。白玉蟾的理論雖然多援禪入道，滲透著濃濃的禪學色彩，但本著爲道所用的原則進行了一番消化和改造，這也是文化之間的綜合創新和規律使然。

白玉蟾對「道」的闡釋，採用了禪宗之圓相〇，如在《太上老君常清靜經注》中，他對「吾不知其名，強名曰道」一句的正誤，僅用「〇」來表示，以禪解老，不能不說是白玉蟾「三教合一」思想的一個重要特色。從修仙證道的方式來看，白玉蟾常把釋氏的「定」與老氏的「靜」字聯繫起來，作爲修道成仙之最高法門。他說：「靜定，處順，此理固存。」〔註146〕禪宗講「明心見性」，而他也說「明心見性，允執厥中，吾道一以貫之。」「有爲皆是幻，無相乃爲眞。」〔註147〕正因爲其受佛教禪宗之影響，他也特別重視以心傳心，突出強調「心」的作用：「心無雜念，意不外走，心常歸一，意自如如，一心恬然，四大清適。」〔註148〕

在其《鶴林法語》、《東樓小參》、《西林入室》等篇中，白玉蟾還將禪宗的新型理論和參禪方式融入於他的內丹修煉理論當中。「小參」、「入室」本爲禪宗參禪方式。他提倡的修行方法也很簡潔、明瞭：「教君只是饑來吃飯困來眠。何必移精運氣，也莫行功打坐，但去淨心田。終日無思慮，便是活神仙。」〔註149〕這與禪宗的「饑來吃飯，困來即眠」，追求隨心自在，縱橫無礙的修性

〔註145〕《九天應元雷聲善化天尊玉樞寶經集注》卷上，《道藏》第 2 冊，第 575 頁。
〔註146〕《藏外道書》第 1 冊，第 292 頁。
〔註147〕《道藏》第 33 冊，第 141 頁。
〔註148〕《海瓊白眞人語錄》卷四，《道藏》第 33 冊，第 130 頁。
〔註149〕《修眞十書·上清集》卷四一，《道藏》第 4 冊，第 789 頁。

方法如出一轍。禪宗改變了早期佛教那種用外在戒律教人苦行禁欲之方式，換上了依靠自性去體驗眞理，悟道成佛的新途徑，要求人們從自家的內在心性中尋求解脫，從而得到空明之心境，而且禪宗一改以往空談心性之弊，而更多注重現實生活，在眞實的生活中求得心明澄靜。這也是白玉蟾所一直主張的「在俗元無俗，居塵不染塵者也。」他本人也是這樣的實踐者，其弟子記述其「時又蓬髮赤足」，「時又青巾野服」，這差不多就是禪門「挑水砍柴無非妙道，舉手投足皆是道場」的生活寫照。

白玉蟾還常常用禪師的語言及對話方式與弟子談論丹道之法：「師示眾云：從生至死，只是者個條條，倩你剝落。各要灑灑而歸，做得主，把得定，牢籠不肯住，呼喚不回頭。常光現前壁立萬仞，孤迴迴，峭巍巍，圓陀陀，光爍爍，臨崖撒手，自肯承當，絕後再蘇，欺君不得。若能恁麼，方說得人能常清靜，天地悉皆歸，所以道天地與我同根，萬物與我同體。無苦寂滅道，無作上任滅，且道作麼生道，癡人面前，不得說夢。」〔註150〕白玉蟾將禪師描繪心性修煉的語言運用的靈活自如，形象再現了內丹修煉之開悟境界。

白玉蟾援用、改造禪宗的心性理論，根本還在於修煉的方法上。在他看來，心性修煉才是內丹修煉之核心：「無心之心無有形，無中養就嬰兒靈。學仙學到嬰兒處，月在寒潭靜處明。」〔註151〕白玉蟾這裡所描繪的內丹心性修煉的最高境界與禪宗所闡揚的明心見性、妄念俱滅、體證本覺之性的境界別無二致。而這種境界只有修煉出「無心之心」、進入清靜靈明的狀態才能達到。要煉成「無心之心」就要做到「心中無心，念中無念。」〔註152〕只有進入無念境界，心性才會開悟。這種修煉的功夫和形式是直接融禪於道，追求一種虛靜空靈、徹悟圓通的狀態，其實質最終還是歸於煉丹即爲煉心、煉性、煉神，以此修煉才能以心合道，以神合道，至於「歸根復命」之終極目標。

這裡，需要指出的是，白玉蟾全面吸納、改造佛教禪宗明心見性、直指人心的頓悟學說，將修道煉丹歸於修心，與內丹道所標榜的「性命雙修」的初衷相違背，也與據傳是呂洞賓所作的《敲爻歌》所指出「只修性，不修命，此是修行第一病」〔註153〕的批評不相一致。禪宗的心性開悟是追求精神的徹底、純粹的超越；而道教內丹修煉則是一種實證，意圖通過「性命雙修」，通

〔註150〕《海瓊白眞人語錄》卷四，《道藏》第33冊，第130頁。

〔註151〕《修眞十書·上清集》卷三九，《道藏》第4冊，第785頁。

〔註152〕《修眞十書·指玄篇》卷六，《道藏》第4冊，第625頁。

〔註153〕劉一明：《道書十二種》，北京：書目文獻出版社1996年版，第476頁。

過煉精化氣、煉氣化神、煉神還虛、還虛合道等步驟，最終由形而下之肉身契入形而上之道體，與道合一而得道成仙。可以看出，「禪宗與內丹道的了證，實際上代表了兩種不同文化思想體系對終極超越境界的看法。兩者儘管在許多方面有互相發明之益，然其宗旨歸趣實難合同。」〔註154〕因而，白玉蟾融合儒、佛二家並未達到其「合三為一」的目標，不過他的內丹理論卻在禪宗心學和儒家理學的相互影響和相互交融中得到充實和提高，從而促進了道教心性理論的進一步發展；加之白玉蟾能敏銳地把握時代精神，力倡「三教合一」，援佛禪和理學入道，把心性論放在「性命雙修」的核心層次上作了細密的闡發，使得以心性論為底蘊所構築的「三教合一」理論視野較佛教禪宗更為開闊，較儒家理學更加空靈飄逸，極大地提升了道教內丹修煉的境界和兩宋道教哲學的理論品質。

〔註154〕張廣保：《唐宋內丹道教》，上海：上海文化出版社2001年版，第410頁。

第三章　金元道教「三教合一」思想的多元化

　　南宋中後期、金元之際，是中國道教發展、流佈的鼎盛時期。其時，創立新道派之多，影響之廣為其他各朝代所望塵莫及。這一時期成為「中國宗教史上創造活動最活躍的時代」。〔註1〕南方漢族統治區主要有淨明道開始盛行，以及上一章所著重闡發的道教內丹南宗；北方金元相繼統治區則主要以真大道、太一道和全真道三大新道派在風行。這些新產生的道教派別，具有強大之生命力，很快成為金元道教發展之主流。學界把它們統稱之新道教，與傳統道教或舊道教相比，新道教重新回歸了道教初創時期立足於下層之踐行特徵；而從理論上看，最顯著的特色，便是這些新道教儘管仍然以道教為本位，但比既往更加注重融攝儒、佛二教的思想資料來充實和提高自己，主張「三教合一」，既是它們順應時代思潮發展的必然，也是它們各自理論內在邏輯發展之必然。

　　籠統來看，這些新道派無一例外都倡導或主張儒、佛、道三教融合，「三教合一」思想既是它們的理論奠基，又是它們的修行實踐。但細一點深入來看，則可知，有些新道派偏重於吸納儒如淨明道，有些新道派更傾向於融攝佛禪如全真道；即便在同一教派內部，其「三教合一」思想也呈顯出多元化的傾向，如全真道以馬鈺為首的丹陽派注重佛禪和原始道家的融合，以丘處機為祖師的龍門派則側重於以道融儒，內道外儒，表現出強烈的入世特徵，

〔註1〕　（日）福井康順等著（朱越利譯）：《道教史》卷一，上海：上海古籍出版社1990年版，第51頁。

而從南宗轉入全眞北宗的李道純則以「中和」爲本，融攝南北宗之丹法，冶儒、佛、道三教於一爐，給予創造性的發揮，成爲宋元道教「三教合一」思想的集大成者。

第一節　「由眞忠至孝，復歸本淨元明之境」
──淨明道的興起及其「三教合一」思想

一、劉玉與淨明道的興起

金元時期，在中國南方江西南昌西山興起了一個奉許遜爲祖師，宣揚「由眞忠至孝，復歸本淨元明之境」的道教新派別即淨明道，又稱淨明忠孝道。許遜信仰由來已久：傳說他是晉代道士，他的事迹、神話在唐代開始盛傳，北宋時有關他的信仰被朝廷接受、并倡導。宋徽宗時，在整個崇道的大環境下，許遜信仰也更加興盛和隆重了，宋徽宗曾封許遜爲「神功妙濟眞君」，使其在道教神仙譜系中的地位僅次於天師道教主張道陵。不過，此時僅有「傳孝道之宗」、「爲眾仙之長」等說法，還很不系統。

作爲一個嚴格意義上的道教宗派，即有神譜和神仙傳授系統，有教義、儀式和節日，有固定的宗教活動場所和廣泛的教區，有眾多的信徒，應在宋室南渡之初。有周眞公（元代劉玉《玉眞先生語錄》稱爲何眞公）在江西南昌西山玉隆萬壽宮建壇傳度弟子五百餘人，[註2]其宗旨是以忠孝廉謹等倫理實踐爲先，次則修持心性，即「以孝悌爲之準式，修煉爲之方術行持之秘要」的所謂「靈寶淨明秘法」。不過，在當時還沒有「淨明道」這個道派名稱，是爲淨明道之前身，因其留下的《淨明忠孝大法》、《淨明黃素書》、《太上靈寶飛仙度人經》等典籍及其活動對金元之際的劉玉正式創立淨明道有著極其重要而深遠的影響。

至元壬午十九年（西元 1282 年），出身儒門的西山隱士劉玉（西元 1257～1308 年），字頤眞，號玉眞子，託言唐淨明法師胡超慧、晉代許遜降授至道於他，讓他復興淨明大道。劉玉融會儒、佛、道尤其是理學與禪宗，倡導「三教合一」，化人歸善。

劉玉以忠孝爲本，以敬天崇道、濟生度死爲事，對淨明道的教理、教義

〔註 2〕《淨明忠孝全書》卷一，《道藏》第 24 冊，第 629 頁。

作了多方面的發揮和發展，使之達到了系統和成熟之地步。自劉玉始，正式用「淨明道」作爲本派道派之名稱，故淨明道奉劉玉爲開山祖師。

二、淨明道「三教合一」思想的表現與特色

（一）儒化色彩濃厚

淨明道屬於符籙道派，傳行靈寶淨明符籙以踐祈禱煉度，同時淨明道受在社會上影響日長的儒家理學的影響比較深，其教理、教義體現了道教與理學的融合。任繼愈先生在其主編的《中國道教史》中就認爲，淨明道堪稱儒道融合的典型。〔註3〕某種意義上，似乎又可以看作是理學在道教中的翻版，淨明道比之前的任何一個道教宗派都更加關心社會人事，也更加迷戀世俗生活。劉玉就認爲，「人事盡時，天理自見。」這裡的「天理」，有別於理學家的「天理」，在淨明道看來，「天理」就是仙道，「盡人事」就可以成仙道。其間的關係就是「欲修仙道，先修人道」，〔註4〕在劉玉這裡，「修人道」變成了「修仙道」的階梯。而「人道」的內容即是淨明道所倍加推崇的「八極」，即《太上靈寶飛仙度人經法》卷一所載，「忠者，欽之極；孝者，順之極；廉者，清之極；謹者，戒之極；寬者，廣之極；裕者，樂之極；容者，和之極；忍者，智之極。」「八極」的根本是忠和孝，因爲「忠孝，大道之本也，是以君子務本，本立而道生。……有不務本而修煉者，若太匠無材，縱巧何成？」〔註5〕「人道」不成，不僅無法達至「仙道」，而且就連做人的資格也沒有了：「非忠非孝，人且不可爲，況於仙乎？」因此，「淨明之道，必本於忠孝。」〔註6〕「忠孝」本是儒家倫理綱常的核心，用來調整世俗之人倫關係；從事齋醮科儀的淨明道派以「忠孝」爲本，明顯是受儒家倫理思想的影響，將儒家之倫理道德巧妙地融合到道教的修仙理論中來，雖相較於同時期儒學已經發展到哲理化、體系化、精緻化的理學顯得有點粗糙和落後，但卻是對時代之「三教合一」思潮的有力回應。

「吾之忠孝淨明者，以之爲相，舉天下之民躋於仁壽，措四海而歸於太平，使君上安而民自阜，萬物莫不自然；以之爲將，舉三軍之眾而歸於不戰以屈人之兵，則吾之兵常勝之兵也；以吾之忠，教不忠之人盡變爲忠；以吾

〔註3〕　任繼愈：《中國道教史》，北京：中國社會科學出版社2001年版，第755頁。
〔註4〕　《淨明忠孝全書》卷三，《道藏》第24冊，第636頁。
〔註5〕　《淨明忠孝全書》卷二，《道藏》第24冊，第633頁。
〔註6〕　《淨明忠孝全書・序》，《道藏》第24冊，第620頁。

之孝，教不孝之人盡變爲孝，其功可勝計哉！」〔註7〕淨明道認爲，在日常生活中以「忠孝」爲行爲準則，切切實實地「眞踐實履」忠孝這一根本，一個人不論高低貴賤、能力大小都可於世俗生活中修煉成仙：「仙學始乎孝，至道而學成。上士以文立忠孝，中士以志立忠孝，下士以力致忠孝。」〔註8〕一個人不論高低貴賤，不論能力大小，只要確立了「忠孝」這一根本，都能從自身實際出發以自己獨特的方式來實踐「忠孝」，最終在世俗生活中修煉得道，故修煉「要不在參禪問道，入山煉形，貴在乎忠孝立本，方寸淨明。四美俱備，神漸通靈，不用修煉，自然道成。」〔註9〕

淨明道以「忠孝」爲本具有明顯的儒化色彩，不僅如此，它在強調倫理實踐的同時，也非常重視心性之修修煉。《淨明黃素書序例》強調「凡學黃素書者務在調其心性」，〔註10〕《淨明忠孝全書》謂「眞君有云：淨明大教是正心修身之學，非區區世俗所謂修煉精氣之說也。正心修身是教世人整理性天心地功夫……不就本元心地上用克己功夫，妄認修煉精氣以爲無上眞常之妙，所以太上患斯道之不明也。」〔註11〕因爲，「忠孝」的最終踐履必須落實到人的心中，成爲一種自覺意識。劉玉認爲，「忠孝」人人皆有，「淨明忠孝，人人分內有也。」〔註12〕「忠孝」就像孟子所說的良知良能一樣，不論聰愚賢逆，人人具有，「忠孝者臣子之良知良能，人人具此天理，非分外事也。」〔註13〕只是因爲後天被人欲所遮蔽，不能充分顯示出來，爲此，行此「眞忠至孝之道」，必須要「去欲正心」。劉玉在《玉眞先生語錄內集》開篇就針對「或問古今之法門多矣，何以此教獨名淨明忠孝」的疑問而指出，「淨明只是正心誠意，忠孝只是扶植綱常。但世儒習聞此語爛熟了，多是忽略過去，此間卻務眞踐實履。」〔註14〕

「正心誠意」是得到理學家高度重視的《大學》中的重要思想，指的是內心的一種道德踐履和修養。這裡，淨明道明顯是將儒家的內心道德修養融入到自己的修道悟眞的實踐中來。「淨明只是正心誠意，忠孝只是扶植綱常。」

〔註7〕 《淨明忠孝全書》卷五，《道藏》第24冊，第646頁。
〔註8〕 《太上靈寶首入淨明四規明鑒經‧成終章第四》，《道藏》第24冊，第615頁。
〔註9〕 《淨明忠孝全書》卷二，《道藏》第24冊，第634頁。
〔註10〕 《淨明黃素書序例》，《道藏》第10冊，第501頁。
〔註11〕 《淨明忠孝全書》卷三，《道藏》第24冊，第637頁。
〔註12〕 《淨明忠孝全書》卷三，《道藏》第24冊，第639頁。
〔註13〕 《淨明忠孝全書》卷五，《道藏》第24冊，第647頁。
〔註14〕 《淨明忠孝全書》卷三，《道藏》第24冊，第635頁。

在淨明道看來，「正心誠意」的淨明和「扶植綱常」的忠孝是相表裏而存在，並相輔爲用的。「淨明」是人們在日常生活中奉行「忠孝」之後所達到的一種無私欲、內心澄明的淨明大道的理想之境，並且只有做到「正心誠意」才能「眞忠眞孝」以達到扶植綱常的外在目的。「淨明」主內，「忠孝」主外，內外結合似乎與儒家的修齊治平的理路如出一轍。不過，淨明道所宣揚、推崇的「忠孝」，雖是對儒家思想的延伸和發揮，但之間的區別還是有的：儒家所宣揚的「忠孝」在於調整世俗人倫關係，在於維持綱常；而淨明道卻賦予「淨明」、「忠孝」以形而上的哲理意義，如淨明道的「忠孝」就區別於一般意義上的「忠孝」，「大忠者，一物不欺；大孝者，一體皆愛」，〔註15〕這與儒家基於血緣、宗族的「愛有差等」區別是很明顯的。

淨明道還吸收、融攝儒家理學的「懲忿窒欲」、「滅人欲、存天理」的思想來充實它的「正心誠意之學」，不過在吸收過程中是有所改造的。如淨明道有別於儒家理學，從內丹修煉的角度來解釋和實踐「懲忿窒欲」的，「懲忿則心火下降，窒欲則腎水上陞，明理不昧心天則元神日壯，福德日增，水上火下，精神既濟，中有眞土爲之主宰，只此便是正心修身之學，眞忠至孝之道，修持久久，復其本淨元明之性，道在是矣。」〔註16〕「懲忿窒欲」、「明理去昧」的思想，其實唐代道教學者如司馬承禎、吳筠、無能子等早有表述，後被周敦頤、張載、程顥、程頤等理學家所吸取、改造，提出了「存天理、滅人欲」的思想，淨明道可謂是重新把這一思想撿回到道教中來並做了發揮、發展。

「懲忿窒欲」、「明理不昧」等體現在日常世俗生活中，「克己」和「改過崇行」是其中兩個重要方面。劉玉曾說，「《道藏》諸經，無非教人捨惡歸善，棄邪順正，所以曰：經者，徑也，是入道之徑路。每見世人不肯力除惡習，克去私己，卻於晨昏誦念不輟，此等聖賢不取，譬能言之猩猩也。我諸法子，要得此心如鏡之明，如水之淨，纖毫洞照，日以改過崇行爲第一義，積種種方便，去道不遠矣，勝如念千百卷經也。若不務修德而求道，前程難望有成。」〔註17〕主張在日常生活中改過崇行，積德行善，這純粹是世俗生活中的修煉方法，與儒家思想幾乎也沒有差別。對於這一點，劉玉坦率地承認，他的這

〔註15〕《淨明忠孝全書》卷三，《道藏》第 24 冊，第 635 頁。
〔註16〕《淨明忠孝全書》卷三，《道藏》第 24 冊，第 635 頁。
〔註17〕《淨明忠孝全書》卷三，《道藏》第 24 冊，第 638 頁。

些思想深受儒家之影響，也與其早年對儒家經典的閱讀、把握所分不開的。他把這些思想有機地融入到修道體系和實踐中來。他認為，修煉要「戒慎乎其所不睹，恐懼乎其所不聞」，〔註18〕一言一行小心謹慎，不貪不義之財，因為「言悖而出者，亦悖而入；貨悖而入者，亦悖而出。」〔註19〕為了做到這一點，首先要立志，要「發深信心，不敢須臾違背」。其次，要「知恥」，即把「人有雞犬放則求之，有放心而不知求」〔註20〕是為恥辱，確立「夜氣不足以存，則其違禽獸不遠」的信念，收攬放逸散漫之心，行《孟子》「存夜氣」的功夫。再次，對孟子等大儒生存「感激」之心，按照儒家的教導做功夫，這樣才會「庶幾有進」，也才能從中「得些樂處」。

除此之外，淨明道還對儒家理學「無極而太極」的思想進行了改造、發揮。「無極而太極，太極而兩儀，兩儀而五行，自無而之有，一本萬殊也；五行一陰陽，陰陽一太極，太極本無極，自有而之無，萬殊一本也。唯反身而誠，復歸於一，則萬物皆備於我矣。」〔註21〕很顯然，這個形而上的哲理框架不屬淨明道的獨創，它首先是受北宋理學家周敦頤《太極圖說》的「無極而太極」的觀點影響，用自無而有解釋萬物的生化，用自有而無解釋道教的修煉。其次，《孟子·盡心上》說，「萬物皆備於我矣，反身而誠，樂莫大焉。」《中庸》把「誠」視為「天道」的內容，認為它是成己、成人、成物的規範，是人性的內容。周敦頤在《通書》中繼承這一思想，把「誠」視為「五常之本，百行之源」。劉玉受以上諸儒的影響，把反身切己、從心性上下功夫視為修煉的門徑。不過，理學家們往往把「無極」視為「太極」的形容詞，認為本源和本體是「太極」。淨明道則秉承陳摶以來道教的傳統，對「無極而太極」作了合乎傳統道教觀點的發揮，認為無名、不動的「無極」才是本體，而「太極」則為「無極」的次生階段：「先生曰：寂然不動是無極，感而遂通是太極。無極者，淨明之謂，三界上者也。」〔註22〕淨明道不僅將「無極」視為無名無形無象的宇宙之本，而且認為「無極」就是「淨明」的另一說法，並且沿著老子「復歸於無極」的思路，將復歸於「淨明」作為修道的終極境界。同時受儒家理學「理一分殊」思想的影響，認為萬物各具

〔註18〕《中庸》第一章。
〔註19〕《大學》第十章。
〔註20〕《孟子·告子上》。
〔註21〕《淨明忠孝全書》卷五，《道藏》第 24 冊，第 645 頁。
〔註22〕《淨明忠孝全書》卷五，《道藏》第 24 冊，第 647 頁。

「太極」：「無極而太極，無極者，淨明之謂也。經云：『無名天地之始，有名萬物之物』，故自太極判，兩儀立，人斯生，而人於天地間爲最秀，此所以並天地曰三才。」〔註23〕

（二）禪理影響明顯

儒化色彩濃厚的新淨明道，在其教理、教義中固然突出了封建倫理綱常尤其是忠孝實踐，但在三教融合乃至「合一」的時代氛圍中，它不可避免地會受到佛教尤其是禪宗的影響：不論從其名稱中「淨明」一詞而言，還是從其修道方法而言，我們都能看到其援禪入道的努力和痕迹。

淨明道深受禪宗心性本淨本明思想之啓發，而以「淨明」來名其教。在淨明道看來，「人之一性，本自光明」，〔註24〕「淨明道法，忠孝雷霆，心地上頓悟本淨元明性。」〔註25〕即是說，人的自性本性上是淨且光明的，淨明道法就是要人們頓悟這自有的本淨元明性，這與禪宗六祖慧能所說的「自性常清淨，日月常明。……世人性淨，猶如青天，慧如日，智如月，智慧常明。」〔註26〕對眾生的自心本性是淨且明的認識是一致的。可見，淨明道心性論上是深受禪宗心性本淨本明思想的影響。

在修道方法上，淨明道也深受佛禪之影響。淨明道的修煉步驟，如劉玉所說，「始於忠孝立本，中於去欲正心，終於直至淨明。」〔註27〕這其實是三個相互銜接、緊密關聯的修煉步驟，即首先以儒家的忠孝倫理作爲修道之基礎，然後再採用去欲正心的修道方法，最後以復歸人的本心淨明之境爲修道的終極理想和最高境界。〔註28〕在淨明道的修道三步驟中，「去欲正心」爲核心的修道方法，既受前面所述理學「正心誠意」思想之影響，又表現出濃厚的佛禪色彩。佛禪講究「無心」、「無念」，淨明道則提出「去欲」以「正心」。「正心去欲」意即，修道要在人的自我心地上下功夫，所謂「上士得道之妙在心性」。〔註29〕所以，淨明道所追求之道，「非謂吐納、按摩、休糧、辟穀

〔註23〕《淨明忠孝全書》卷三，《道藏》第24冊，第634頁。
〔註24〕《淨明忠孝全書》卷三，《道藏》第24冊，第635頁。
〔註25〕《淨明忠孝全書》卷三，《道藏》第24冊，第636頁。
〔註26〕《六祖壇經‧懺悔品》，郭朋：《壇經校釋》，北京：中華書局1983年版，以下所引《壇經》僅注品名。
〔註27〕《淨明忠孝全書》卷五，《道藏》第24冊，第647頁。
〔註28〕孫亦平：《論淨明道三教融合的思想特色》，北京：《世界宗教研究》2001年第2期。
〔註29〕《太上靈寶首入淨明四規明鑒經‧建功章第三》，《道藏》第24冊，第615頁。

而成眞也，只是懲忿窒欲，改過遷善，明理復性」。〔註30〕根據這種「去欲正心」而「明理復性」的內在超越理路，淨明道也像慧能禪宗那樣，極力破除對諸如出家、誦經等各種外在化、形式化、程式化的修行方式的執著與追求，而強調修道應該在自己的心地上下功夫，以求明心見性，所謂，「道由心悟，玄由密證，得其傳者，初不拘在家出家。」〔註31〕

不過，值得注意的是，淨明道「去欲正心」的修行，既是將內在的「淨明」之心轉化爲外在的「眞忠眞孝」之行，也是以外在的「忠孝」之行來推動內在之心達到「不染不觸」的「淨明」之境；這與禪宗單純強調修煉心性以明心見性得解脫是有本質區別的。

（三）「一」統三教

淨明道如同這一時期道教的其他宗派一樣，極力倡導「三教合一」思想，認爲儒、佛、道三教在「淨明」人心和化人歸善上並無兩致，而應該相輔相成，並行不悖的。不過我們看到，淨明道是站在「本於正心誠意，而見於眞踐實履，……於三教之旨了然解悟，而以老氏爲宗」〔註32〕的基本立場，以「一」來統合儒、佛、道三教的。

「何謂一？太上之淨明，夫子之忠恕，瞿曇之大乘，同此一也。……立言雖殊，其道則一。」〔註33〕在淨明道看來，儒、佛、道三教都是同一個「一」的表現，而「一」只能「因言以顯」，「因心以契」。淨明道的「大中至正之道」融合了道家的「抱元守一」、佛教的「明心見性」和儒家的「正心誠意」（「窮理盡性」）是「一」，是「千聖不傳之秘，出於言語文字之外者」的「心法」，因而，儒、佛、道三教在淨明道這裡，可以「道並行而不相悖」。劉玉在《淨明忠孝全書》卷三中說，「淨明大教是正心修身之學，非區區世俗所謂修煉精氣之說也。正心修身是教世人整理性天心地功夫。……此教……必欲後之學者，由眞忠至孝，復歸本淨元明之境，修煉之妙，無以易此矣。」〔註34〕可謂「一」統三教之特色顯明。

從融合的具體實際來看，淨明道較側重於融合儒家理學，任繼愈先生在前所述及的《中國道教史》中稱其爲儒道融合的典型，這是有一定道理的，

〔註30〕《淨明忠孝全書》卷六，《道藏》第 24 冊，第 649～650 頁。
〔註31〕《淨明忠孝全書》卷六，《道藏》第 24 冊，第 652 頁。
〔註32〕《淨明忠孝全書》卷一，《道藏》第 24 冊，第 631 頁。
〔註33〕《淨明忠孝全書》卷五，《道藏》第 24 冊，第 645 頁。
〔註34〕《淨明忠孝全書》卷三，《道藏》第 24 冊，第 637 頁。

也符合當時思想史之「事實」：淨明道產生、發展的年代，正是理學興盛和擴張之階段，理學之影響無可避免。理學勢力的強盛，勢必會刺激道、佛兩家的反應。針對理學對道、佛二教咄咄逼人的攻擊，劉玉辯解說，「但二氏之教若過盛，則於綱常之教未免有傷……又二氏眞人眞僧，皆是人欲淨盡，純然天性，奈何如此者少，末流之弊每多，眞儒於是乎出，以實理正學而振飭之。」〔註35〕不僅如此，他還極力調和儒家和道、佛二教的關係，至於援理學入道的眞正原因，劉玉坦率承認，「今淨明大教之興……每用儒家文字開化，何邪？此是教法變通處。……以實理正學更新教法……仰贊化育，所以示此也。」〔註36〕淨明道還推崇陸九淵，吸收其「先立乎其大」、尚簡易、重德性等儒家心學思想。從思想史來看，淨明道側重於融儒尤其是理學，這是無庸置疑的。但是，因其過分靠攏理學，固然可以迎合儒家而興盛一時，卻勢必要喪失自己賴以生存的特色。某種意義上似乎可以說，淨明道的以道融儒，恰是其開始衰弱的重要表現之一。思想文化史上的這種現象，似乎應引起我們今天從事文化交流、文化對話時的足夠重視。

第二節　「本之以湛寂，而符籙爲之輔」
——太一道和眞大道「三教合一」思想的特色

北方三大新道派中，太一道和眞大道因流傳下來的資料甚少，所以給後人的研究帶來不少困難；但是，從現有資料來看，太一道和眞大道無一不具有濃厚的「三教合一」的思想特徵。

一、符籙與內煉並重、仙佛並提之太一道

太一道是北方金統治區三大新道教中創立最早的道派。它的創始人是蕭抱珍（西元？～1166年），衛州（今河南汲縣人），其生平事迹及創教經過業已失傳。關於其教名「太一」的涵義，說法主要有二：《元史・釋老傳》記載，「太一教者，始金天眷中（西元1138～1140年），道士蕭抱珍傳太一三元法籙

〔註35〕《淨明忠孝全書》卷三，《道藏》第24冊，第636頁。
〔註36〕《淨明忠孝全書》卷三，《道藏》第24冊，第635頁。

之術，因名其教曰太一。」〔註37〕其二，元代學者王鶚在《國朝重修太一廣福萬壽宮之碑》中說，「因名之曰太一教，蓋取元氣渾淪，太極剖判，至理純一之義也。」〔註38〕而濟源縣《蕭眞人碑》則謂蕭抱珍立教「本之以湛寂，而符籙爲之輔，於以上格圓穹，妥安玄象，度群生於厄苦，而爲之津梁，迹其沖靜玄虛，與夫祈禳禱祀者，並行不悖」，這說明太一道以心靈「湛寂」、「沖靜玄虛」的內修功夫爲本，以「湛寂」至誠的心念爲感動上天、以致符法靈驗的訣要，以「太一」名，實具有內修外奉的雙重涵義。

蕭抱珍創教之後，即以「先聖所授秘籙濟人，祈禳呵禁，罔不立驗。」〔註39〕太一道的影響因此擴大，「受籙爲門徒者，雖無慮千數」。〔註40〕皇統八年（西元1148年），熙宗聞其名，召至闕，賜所居之庵爲「太一萬壽觀」，太一道由此獲金廷承認，聲勢越發有加。有金一代，太一道由教祖蕭抱珍、二祖蕭道熙、三祖蕭道沖掌教。元初，四祖蕭輔道掌教之時更將太一道的發展推向一個新的發展階段。之後，五祖蕭居壽、六祖蕭全祐、七祖蕭天祐掌教都很受統治者的重視，但自七祖之後掌教宗師的名字和活動就不再見於史籍，據此，似乎可以推測，太一道在元末即衰微絕傳了。

蕭抱珍創立的太一道，較之傳統道教主要進行了兩項改革。一是以柔弱自守。王惲《秋澗集》卷四七《太一二代度師贈嗣教重明眞人蕭公行狀》中提到，門人李悟眞問，「何爲仙道？」蕭道熙答曰：「做仙佛不難，只依一『弱』字便是耳，曰『弱者道之用也』。」〔註41〕從中透露出來的信息有：一，太一道的立教依據是《道德經》，立教宗旨是守老氏柔弱的道教本位立場；二，以成仙成佛相提並論，透露出道、佛一致的思想，但以道教之「弱」來統合道、佛二教。第二項改革便是以符籙爲用，開始重視內丹修煉。太一道雖「特以符籙名，蓋以老氏之學修身，以巫祝之術御世者也」，〔註42〕卿希泰先生也指出「太一道已經越過了過去符籙派的軌道」，〔註43〕而重視內丹修煉。《秋澗

〔註37〕《釋老傳》，宋濂：《元史》第15冊，北京：中華書局1976年版，第4530頁。

〔註38〕陳垣：《道家金石略》，北京：文物出版社1988年版，第845頁。

〔註39〕陳垣：《道家金石略》，北京：文物出版社1988年版，第845頁。

〔註40〕王惲：《秋澗集》卷六一，《太一二代度師先考韓君墓碣並序》，《四部叢刊》第226冊，上海：上海書店1989年版。

〔註41〕《影印文淵閣四庫全書》第1200冊，臺北：臺灣商務印書館1986年版，第624頁。

〔註42〕陳垣：《南宋初河北新道教考》，北京：科學出版社1958年版，第112頁。

〔註43〕卿希泰：《太一道在金代的興起及其特點》，《芻蕘集》，成都：巴蜀書社1997

集》中記載二祖蕭道熙的自題畫像中云,「來自無中來,去復空中去,來去總一般,要識其間路。」〔註44〕體現了以空、無為本源,契合內丹道的自虛無而生、復歸於虛無的修煉理論。

太一道還非常強調儒家倫理規範,掌教者一律改姓教祖蕭姓,以示傳承,更重要的是,以示對師徒之間盡父子之禮。對此,王惲評價說,「太一教法,專以篤人倫、翊世教為本。……師弟子之兩間,傳度授受,實有父子之義焉。」〔註45〕忽必烈稱蕭抱珍及其太一道,「密毗治化,潛衛家邦」,可與張道陵、寇謙之相提並論。〔註46〕反映了與儒家綱常倫理思想相契合的一面。除此之外,太一道還非常重視儒家的忠信孝慈,要求太一道徒們,「清修有操行,謙虛篤實……與人交,誠款有蘊藉,所談率以忠信孝慈為行身之本。」〔註47〕

總之,在「三教合一」的時代主潮中,太一道符籙與內煉並重、仙佛並提、以儒家倫理立身治教,既適應了時代發展潮流之需要,又發展了自己獨特的「三教合一」理論與實踐之特色,儼然成為新道教之一大派。

二、默禱虛空、融儒攝佛之真大道

真大道是幾乎與太一道同時產生的北方又一新的道教派別。其創始人是劉德仁,「始自金季,道士劉德仁之所立也。」〔註48〕但陳垣先生經過考證,認為元史此說有誤。他認為,劉德仁創立大道教的時間應為金朝初年:據《重修隆陽宮碑》記載,「有金皇統二年(西元1142年)冬十一月,既望遲明,似夢而非,有老人鬚眉耗白,乘青犢車至,授玄道訣而別,不知所之。由是鄉人疾病者遠近來請治,符藥針艾弗用,效如影響焉。」〔註49〕《先天宮記》中的說法與此大體相同,「感聖師之臨御,復駕青犢,來抵其家,授以宗乘,傳以經、筆,俾興大道正教,以度末世黎民。」〔註50〕可見,劉德仁於金朝

　　　　　年版,第185頁。
〔註44〕 王惲:《秋澗集》卷四七,《太一二代度師贈嗣教重明真人蕭公行狀》,《四部叢刊》第226冊,上海:上海書店1989年版。
〔註45〕 王惲:《秋澗集》卷六一,《太一三代度師先考王君墓誌銘》,《四部叢刊》第226冊,上海:上海書店1989年版。
〔註46〕 陳垣:《道家金石略》,北京:文物出版社1988年版,第841頁。
〔註47〕 王惲:《秋澗集》卷四七,《太一五祖演化貞常真人行狀》,《四部叢刊》第226冊,上海:上海書店1989年版。
〔註48〕 《釋老傳》,宋濂:《元史》第15冊,北京:中華書局1976年版,第4529頁。
〔註49〕 陳垣:《道家金石略》,北京:文物出版社1988年版,第823頁。
〔註50〕 陳垣:《道家金石略》,北京:文物出版社1988年版,第818頁。

初期創建大道教的說法還是比較可信的。因元憲宗四年（西元 1254 年）朝廷賜名「眞大道教」，大道教史上又稱爲眞大道教。

劉德仁（西元 1122～1180 年），名善仁，號無憂子，滄州樂陵人（今山東樂陵人），創教之前，本爲一儒生。金大定七年（西元 1167 年），劉德仁受金世宗之召入居天長觀，大道教遂獲金廷承認，傳播速度加快。大定二十年（西元 1180 年）劉德仁去世，二祖陳師正、三祖張信眞、四祖毛希琮先後掌教，但因文獻闕如，教祖之後掌教情況我們知之甚少。大道教實行出家的教團制度，歷任掌教多出身貧寒，作風平易樸實，頗有鄉民自治的味道。眞大道雖有統治者的時加青睞，也難以普及至上層，在元初天下未定、戰亂未平之時或許還有相當之吸引力，到元末就難以在史籍中見其相關活動情況的記載了。

眞大道立教雖以《道德經》爲據，但卻不講「飛升化煉」和「長生久視」等神仙方術；它以祈禱、驅逐鬼神的手段爲人治病，但不用符籙，不搞齋醮祭祀，僅是「默禱於虛空」和早晚禮拜天地而已，與北宋以來的道教宗派似乎缺乏直接的相承關係，使得其在道教史上顯得頗爲特殊。〔註 51〕因其道術清新簡易，很是吸引了一大批徒眾，至八祖岳德文「西出關隴，至於蜀；東望齊魯，至於海濱；南極江淮之表，皆有奉其教戒者」，僅「江南奉其教者已三千人，庵觀四百，其他可概知矣。」〔註 52〕

眞大道「以無爲清靜爲宗，以眞常慈儉爲室」。〔註 53〕「其教以苦節危行爲要，而不妄取於人，不苟侈於己」，〔註 54〕「以仁爲心，恤其困苦，去其紛爭，無私邪，守本分，而不務化緣，日用衣食，自力耕桑」。〔註 55〕從中，我們可以看出，眞大道立足於道教本位，強調人們在謀生活動和倫理實踐中應清靜其心，從而歸返「眾妙之門」的大道：「夫如是清靜其心，燕處超然，默契太上眾妙之理，其眞大道教門也哉。」〔註 56〕

眞大道戒律頗爲簡單適用，只有九條：一是視物猶己；二是忠君孝親；三是除邪守靜；四是安賤守貧，力耕而食，量入爲用；五是不賭不偷；六是不飲酒食葷；七是虛心弱志，和光同塵；八是守弱謙卑；九是知足知止。從

〔註 51〕卿希泰：《中國道教史》第 3 卷，成都：四川人民出版社 1996 年版，第 23 頁。
〔註 52〕《道園學古錄》卷五十，《岳眞人碑記》，《四庫全書》第 1207 冊，第 693 頁。
〔註 53〕陳垣：《道家金石略》，北京：文物出版社 1988 年版，第 821 頁。
〔註 54〕《釋老傳》，宋濂：《元史》第 15 冊，北京：中華書局 1976 年版，第 4529 頁。
〔註 55〕陳垣：《道家金石略》，北京：文物出版社 1988 年版，第 821 頁。
〔註 56〕陳垣：《道家金石略》，北京：文物出版社 1988 年版，第 823 頁。

九條戒律，不難看出，眞大道乃是以《老子》爲基礎，吸收、融攝儒學和佛教思想。其教義和戒律的核心是教人清靜無爲，柔弱謙下，知足守貧；教人忠君孝親誠人等這基本上是儒家的倫理規範和處事信條，道教色彩不甚鮮明，並以佛教的五戒律己勸人。

三、太一道和眞大道過早消亡之原因

　　太一道和眞大道存在時間並不長，卻能在道教史乃至思想文化史上產生一定的影響，究其原因是與其產生的時代背景，其宗教的教化功能，其教理、教義的革新有關。在階級矛盾、民族矛盾尖銳的金元統治區，深受壓迫的貧苦百姓和不願歸服異族統治的漢族士人能借助道教而有所寄託；而對統治者來說，可以利用道教爲其調和、緩解民族矛盾、階級矛盾而服務。而之所以能成爲北方三大新道派之二，主要是與他們積極順應「三教合一」的思想潮流，融攝儒、佛二教，崇尙清新、簡易的理論品格所分不開的。但由於他們在理論上缺乏系統性以及義理的深刻性，尤其面對理學和禪宗心性論的刺激，反應比較遲鈍，在融攝儒、佛二教時還更多停留於倫理、戒律等表面，因此，這是它們還沒來得及產生更大影響便退出歷史舞臺的根本原因。

第三節　「洗百家之流弊，紹千載之絕學」
——王重陽以「三教合一」立全眞之旨

一、王重陽與全眞道的創立

　　金元時期，北方新道教三大教團中，以全眞道的持續時間最長（延續至今），規模最大，影響也最爲深遠。全眞道創始人爲王重陽（西元 1112～1170年），原名中孚，字允卿；後改名德威，字世雄；入道後，又更名嘉，字智明，號重陽子，世稱「王重陽」。王重陽的家世，缺乏系統的文獻記載，只能根據零散的材料，可以大致得出，王重陽出身於家業豐厚的豪富家庭。〔註57〕

〔註57〕《金蓮正宗記》卷二，《王眞人》條記載：其先居京兆府咸陽縣大魏村，最爲右族，富甲鄉里，後遷居終南，仍家業豐厚。（《道藏》第 3 冊，第 348 頁）詳細考析，還可參見唐代劍：《王嘉生平事迹考述》，成都：《宗教學研究》2001年第 1 期。

　　王重陽自幼聰穎好學，童蒙即修習儒家經典。重陽年輕時，曾和當時的許多普通儒生一樣，攻修進士舉業，以求取功名；但事與願違，名落孫山，後又改試武舉。王重陽是否參加武舉，學界尚有爭議，史籍的記載也是各不相同。如《全眞教祖碑》稱，「天遣文武之進，兩無成焉。」這則材料，說明王重陽參加了武舉應試，但未能取得成功。而《金蓮正宗記》「王眞人」條卻記載「復試武舉遂中甲科」。無論王重陽有無參加過武舉，年輕時鬱鬱不得志這一點是肯定的，《鄧州重陽觀記》說其「脫落功名，日酣於酒。」對於這一時期的精神狀態，他自己則描述說，「三十六上寐中寐，便要分他兄活計。豪氣衝天恣意情，朝朝日日長波醉。壓幼欺人度歲時，誣兄罵嫂慢天地。不修家業不修身，只憑望他空富貴。浮雲之財隨手過，妻男怨恨天來大。產業賣得三分錢，二分吃著一酒課。他每衣飲全不知，餘還酒錢說災禍。」〔註58〕《全眞教祖碑》亦載「是後，於終南劉蔣村創別業居之，置家事不問，半醉高吟，曰：『昔日龐居士，今日王害風』。於是鄉里見先生，曰害風來也，先生即應之，蓋自命而人云。」從材料中可以看出，仕途的失意加之處於被元脫脫稱爲「天下後世稱無道君主以海陵爲首」的完顏亮統治時期，似乎注定命運多劫，前程渺茫。此時，重陽雖未悟道，但世態炎涼和各種磨難，使得重陽似乎能領悟到些什麼，他曾經喟然歎曰：「孔子四十而不惑，孟子四十而不動心，吾今已過之矣，尚且吞腥啄腐、紆紫懷金，不亦太愚之甚乎！」〔註59〕經過長時間的思考與探索，重陽毅然黜妻屛子，拂衣塵外，煢煢子身一人雲遊出家，從此開始了其修道、傳道的艱辛歷程。後「遇眞仙於終南山甘河鎮，飲之神水，付以眞訣，自是盡斷諸緣，同塵萬有。」〔註60〕「甘河證道」是王重陽人生里程中的一個重大轉折。證道之後，最初是在京兆（今陝西）咸陽一帶傳道。但關中傳道收效甚微，雖苦心經營，怪異用盡，也只招到四個弟子，所謂「門外落花任風雨，不知誰肯悟希夷。」〔註61〕金世宗大定七年（西元 1167 年）王重陽前往山東半島傳道，收了著名的全眞弟子馬鈺、丘處機等七人，史稱「全眞七子」，正式開始了全眞道的創教過程。金大定九年（西元 1169 年），重陽率馬鈺、譚處端、劉處玄、丘處機西歸，

〔註58〕《重陽全眞集》卷九，《悟眞歌》，《道藏》第 25 冊，第 739 頁。
〔註59〕《金蓮正宗記》卷二，《道藏》第 3 冊，第 348 頁。
〔註60〕《甘水仙源錄‧序》，《道藏》第 19 冊，第 722 頁。
〔註61〕《重陽全眞集》卷一，《和落花韻》，《道藏》第 25 冊，第 692 頁。

行至汴梁，病倒於途中，於次年即金大定十年（西元 1170 年）正月去世。

　　王重陽自幼熟讀儒書，在他皈依道教的過程中，還對佛教經典有深入之研究。據自述「七年風害，悟徹《心經》無掛礙。」〔註62〕王重陽獨特的人生經歷使得他在開創全真道之初，便能積極順應當時十分興盛並向深入發展的「三教合一」的思想潮流，將「三教合一」、「三教圓融」作爲創教之宗旨，進一步吸收和融攝儒、佛二教尤其是禪宗心性理論的養料，以心性範疇解釋、會通傳統道教的神、道等範疇；以身心，「性命雙修」、雙合來對應和反駁禪宗的單純的「明心見性」。

　　如果說，兩宋道教主要以張紫陽開創的內丹南宗爲代表已經開始了這方面的努力；那麼，王重陽所開創的金元全真道則是進一步在道教修煉的深層上接納心性問題，建立了具有道教內容和形式的心體、性體、神體、虛體，從而參與時代之大討論。自此，道教開始扭轉在理論建構方面嚴重滯後於儒學以及佛教的不利局面。同時，王重陽也注意對道教的教規、修煉方法、傳播方式等進行了重大變革，一時間全真道蔚爲大觀：「南際淮，北至朔漠，西向秦，東向海，山林城市，廬舍相望，什百爲偶，甲乙授受，牢不可破。」〔註63〕

二、「三教合一」：全真創教之旨

　　全真道是在金與南宋對峙、北部中國落於異族統治的特殊歷史環境下，由王重陽所創立的一派新道教。若就王重陽創教之初意而言，確切地說，全真道是一新宗教而非一派新道教。其初意，並非因目睹道教之流弊而奮起改革之，而是所謂「苟全性命於亂世」，亦即在殘酷而混濁的社會環境中，既要維護自我道德良知的尊嚴，不因世亂而肆意逞其奸宄，又要建立一處安身立命之所，使漂泊的身心得以安頓。圍繞這層創教意旨，王重陽「不主一相、不居一教」，〔註64〕高舉「三教合一」之旗幟，推闡其性命之全真，在思想上與儒、佛、道三家都具有程度不等的承繼關係，即採擷三教之思想，用以解決國破家亡時知識份子所普遍感受到的問題。

　　從思想史上來看，「三教合一」是南北朝以降的一股思潮，在不同的思想

〔註62〕《重陽全真集》卷五，《道藏》第 25 冊，第 719 頁。
〔註63〕元好問：《遺山先生文集》，北京：商務印書館版 1960 年版，第 366 頁。
〔註64〕陳垣：《道家金石略》，北京：文物出版社 1988 年版，第 460 頁。

流派中都有所反映。但是，各思想流派又都有自己的基本立場、融合三教的特定角度以及理論層面等，所以「合一」並不意味著三教已徹底打成一片，而是既有反映時代思潮的共性，又有符合各自傳統特徵的個性。就共性而言：第一，在思想理論上，三教可以相互借鑒；第二，在安身立命的意義上，三教可以彼此認同。就個性而言：凡屬於儒家的思想流派，除吸收佛、道二教的某些理論和思維模式外，主要是從佐時宣化、誘掖人心的意義上肯定佛、道二教之合理性的。而屬於佛教的思想流派，大抵據其眞俗不二之說來承認儒、道二教，即二教爲俗諦，而佛教統合眞俗，所以三教可「一」。至於道教，則認爲一切教法所建立的根據，都是宇宙本元之道，所以常按照道教所信奉的「道」將三教統合起來。這些個性，反映了各思想流派在同一話題下所表達的不同意涵。

從某種意義上來說，「三教合一」只是認知和處理不同文化傳統的一種態度，如果不能由之熔煉出新理旨，從中有所創獲，那麼所謂「合一」，就只是迴避三教固有分歧的鄉愿心態，本身可能並沒有太重要之理論意義。從這個角度看王重陽之「三教合一」，其意義並不在於，重複強調這個早爲各思想流派常談的口號本身，而在於開顯出全眞之理的新的意涵。進而言之，王重陽推陳出新，開顯全眞教理，又與他超逸三教之上，不在古人腳下盤旋的意趣所分不開的。此種意趣，從哲學層面上講，就是彰顯出主體精神，克服因教派偏見而造成的蔽障。因偏見而生愛憎，主體精神被教派情緒所束縛，學道也就成了悟道之蔽障。而一旦掃除蔽障，復現自我清靜本來之面目，使主體精神獲得自由，則非但三教之異固不足彼此矜持，而且三教之同或曰契合點，也就在對於自我清靜本來之證悟之中，而不必撮取三教聖人之言辭相比附。由之，全眞妙理的彰顯，即是超逸於三教之上而合一三教。

王重陽所創道派以「全眞」名之。「全眞」一詞，源自《莊子‧盜蹠》，「子之道狂狂汲汲，詐巧虛僞事也，非可以全眞也，奚足論哉！」意即，保其本性。道教中對此二字，有多種解釋：馬丹陽弟子晉眞人釋「全眞」，「夫全眞者，合天心之道也。神不走，炁不散，精不漏。三者俱備，五行都聚，四象安和，爲之全眞也。」〔註65〕李道純也說，「所謂全眞者，全其本眞也。全精、全氣、全神，方謂之全眞。」〔註66〕俞應卯《鄠縣秦渡鎮重修志道觀

〔註65〕《晉眞人語錄》，《道藏》第 23 冊，第 699 頁。
〔註66〕《中和集》卷三，《道藏》第 4 冊，第 501 頁。

碑記》則說，「以全眞名教者，即無極之眞，二五之精，妙合而凝，所以爲萬善之源也。」〔註67〕虞集則曰，「豪傑之士，佯狂玩世，志之所存則返其眞而已，謂之全眞。」〔註68〕一般認爲，王重陽所謂「全眞」就是通過「眞功」（強調精、氣、神的統一與圓滿，進而以明心見性、養氣煉丹、含垢忍辱爲內煉之眞功）、「眞行」（以濟世利人）的內煉外修而識心見性，功行雙全，從而全大道之眞初。

　　全眞教義最爲顯著的特徵，便是大張旗鼓地倡導並於實踐中切實踐履。據《全眞教祖碑》記載，王重陽先後在山東文登創立三教七寶會，後在寧海全眞信徒周伯通修建的金蓮堂基礎上創立三教金蓮會，在福山設立三教三光會，在登州建三教玉華會，在萊州又建立三教平等會。王重陽設立五會一律冠以三教字樣，這體現了其立教均「其沖虛明妙寂靜圓融，不獨拘一教也」、〔註69〕「了了通三道，園園作一團」〔註70〕的立教精神，三教圓融、「三教合一」作爲全眞道的一個基本立教原則因此而體現出來。

　　王重陽甚至公然宣稱，「儒門釋戶道相通，三教從來一祖風。悟徹便令知出入，曉明應許覺寬洪。」〔註71〕又說，「釋道從來是一家，兩般形貌理無差。識心見性全眞覺，知汞通鉛接善芽。」〔註72〕針對「三教合一」中，哪一教起主導作用這一敏感而核心的問題，王重陽公開提出了「三教平等」的口號，在他看來，「平等者，道德之祖，清靜之元首。」〔註73〕他的徒孫王丹桂有詞一首《滿庭芳·詠三教》道出了王重陽的基本思想：「釋演空寂，道談清靜，儒宗百行周全。三枝既立，遞互闡良緣。尼父名揚至聖，如來證大覺金仙。吾門祖，老君睿號，從古自今相傳！玄玄，同一體，誰高誰下！誰先誰後？共扶持邦國，普化人天。渾似滄溟大海，分異派、流泛諸川。然如是，周遊去處，終久盡歸源。」立足於「三教平等」，王重陽以三教共尊的「道」爲契入點，「三教合一」在於道，三教圓融的基礎在於道，「三教者，

〔註67〕《甘水仙源錄》卷九，《道藏》第 19 冊，第 794 頁。

〔註68〕《道園學古錄》卷五十，《非非子幽室志》，《四庫全書》第 1207 冊，第 696 頁。

〔註69〕《甘水仙源錄》，《道藏》第 19 冊，第 724 頁。

〔註70〕《重陽全眞集》卷一，《詩·詠酒·述懷》，《道藏》第 25 冊，第 698 頁。

〔註71〕《重陽全眞集》卷一，《詩·孫公問三教》，《道藏》第 25 冊，第 693 頁。

〔註72〕《重陽全眞集》卷一，《詩·答戰公部先釋後道》，《道藏》第 25 冊，第 693 頁。

〔註73〕《重陽教化集》卷三，《三州五會化緣榜》，《道藏》第 25 冊，第 788 頁。

如鼎三足，身同歸一，無二無三。三教者，不離眞道也。喻曰：似一根樹生三枝也。」〔註74〕道爲本，如鼎身、樹幹，三教則是鼎之足、樹之枝。「道」作爲絕對不變的宇宙最高法則，是獨一無二的，故儒、佛、道三教可以相通。

王重陽繼闡張伯端「教雖分三，道乃歸一」和陳楠、白玉蟾「天下無二道，聖人無兩心」的主張，認爲三教仙聖佛體證道之心是相同的，三教之本源、旨歸是同一的。基於對三教同源一致的認識，王重陽認爲「道釋儒經理最深」，〔註75〕對三教經典的吸納、融會，以三教經典爲全眞教的理論基礎勢所必然。《終南山神仙重陽子王眞人全眞教祖碑》記載時，重陽傳教「勸人誦道德清靜經、般若心經及孝經，云可以修證」，〔註76〕由此可見一斑。

三、王重陽「三教合一」思想的表現與特色

（一）融合儒家倫理，踐行全眞「眞行」

王重陽大膽引入儒家倫理規範的仁愛、孝慈等觀點，作爲其外功修行的重要內容。他主張修行不能僅在心地上做功夫，還需在傳道濟世的實踐中體道悟眞。關於眞功、眞行的具體內容，王重陽在爲玉花社製定宗旨時就說過，「晉眞人云：若要眞功者，須是澄心定意，打疊神情，無動無作，眞清眞靜。抱元守一，存神固炁，乃是眞功也。若要眞行者，須是修仁蘊德，濟貧拔苦，見人患難，常行拯救之心，或化誘善人入道修行。所行之事，先人後己，與萬物無私，乃眞行也。」〔註77〕王重陽還將儒家倫理規範宗教化，把遵循世俗倫理規範作爲成仙得道的先決條件，他要求全眞教徒們「入道之初就必須讀《孝經》，並以「忠君王，孝敬父母師資」爲修道之前提。〔註78〕「又教之以孝謹純一，及其說，多引六經爲證據」。著書立說以儒家六經爲據。〔註79〕

王重陽要求信徒們還要有崇高的品德修養，發揚儒家「仁者愛人」的風範，「常行惻隱之端」並要「潔己存心」以「歸大善」。〔註80〕在王重陽看來，多行善積德，即便「不祝神袛，也得長春壽」。〔註81〕對出家道士不僅要求其

〔註74〕《重陽眞人金關玉鎖決》，《道藏》第 25 冊，第 802 頁。
〔註75〕《重陽全眞集》卷四，《詞·武陵春》，《道藏》第 25 冊，第 715 頁。
〔註76〕陳垣：《道家金石略》，北京：文物出版社 1988 年版，第 452 頁。
〔註77〕《重陽全眞集》卷十，《玉花社疏》，《道藏》第 25 冊，第 748 頁。
〔註78〕《重陽眞人金關玉鎖決》，《道藏》第 25 冊，第 798 頁。
〔註79〕陳垣：《道家金石略》，北京：文物出版社 1988 年版，第 460 頁。
〔註80〕《重陽全眞集》卷一二，《詞·臨江仙》，《道藏》第 25 冊，第 757 頁。
〔註81〕《重陽全眞集》卷十，《道藏》第 25 冊，第 742 頁。

要以十善十惡爲戒，還要求「忠君王，孝敬父母師資」。對在家修行之道徒要求：「與六親和睦，朋友圓方。宗祖靈祠祭饗頻，行孝以序思量。」〔註82〕他還用儒家倫理要求和教育侄兒「行忠義」和「用謙和」：「遵隆國法行忠義，謹守軍門護甲戈。飲膳共爲通神讓，言談歌出用謙和。先人後己爲長策，佇看歸來唱凱歌。」〔註83〕

在具體教團改革上，王重陽爲了使儒家孝道與道教倫理並行不悖，還將道教內部師徒關係納入宗法關係之內，以師代父而實現傳統孝道的「事親」，從而保證了孝的道德實踐與全眞教規的統一。一個較明顯的事例，便是王重陽死於開封，丘劉譚馬四弟子遵其囑，送他的靈柩回其隱居地劉蔣村安葬，並在那裡守墓三年。〔註84〕這種做法，顯然是因循了儒家的以孝道爲核心的慣例而不是道教的規矩。《戶縣秦渡鎮重修志道觀碑》的作者也是這麼認爲，「方其護祖師之柩，歸而克葬之後，高弟能繼志述事者有之，廬其墓側者有之，於斯時也，何異乎吾夫子歿而門人治任將歸相向而哭之意歟？」〔註85〕在碑記的作者看來，四大弟子所做的就是儒家的孝道行爲。

（二）援引佛禪心性，闡揚全眞「眞功」

王重陽所開創的全眞道教與傳統道教相比，一個鮮明、突出之特點便是重視對心性的修煉。心性學說是王重陽內丹思想的核心理論，一切修性、修命之方法、實踐都是在這一理論指導下展開的。王重陽的心性理論主要來自於禪宗，因而，其所謂的煉心實質和禪宗心性了悟頗爲接近。「悟徹《心經》無掛礙」，可見，其對禪宗心性理論鑽研的相當透徹和深入。不過，「以禪宗爲媒介而瞭解到《般若心經》的王重陽，重視的角度又與禪宗不盡相同。禪宗重視『色即是空，空即是色』這句話，而道教的王重陽及其系統與此相對，被『心無掛礙』這句話所吸引，全眞教的教理中重視『心』，所以《般若心經》成爲了全眞教所依據的經典之一。」〔註86〕王重陽自己認爲，「五千言，二百字。兩般經秘，隱神仙好事。」〔註87〕

〔註82〕《重陽全眞集》卷三，《詞·滿庭芳》，《道藏》第 25 冊，第 713 頁。
〔註83〕《重陽全眞集》卷十，《詞·贈侄》，《道藏》第 25 冊，第 743 頁。
〔註84〕陳垣：《道家金石略》，北京：文物出版社 1988 年版，第 479 頁。
〔註85〕陳垣：《道家金石略》，北京：文物出版社 1988 年版，第 479 頁。
〔註86〕福井大雅：《佛教與全眞教的成立》，北京：《世界宗教研究》1996 年第 2 期。
〔註87〕《重陽全眞集》卷一二，《詞·紅窗迴》，《道藏》第 25 冊，第 755 頁。（注：《般若心經》乃《大般若經》六百卷的節本，簡稱《心經》，玄奘譯本二百六

　　與張伯端開創的南宗身心並重不同，王重陽及其北宗有輕身重心之傾向。針對傳統道教的肉體飛升、長生不死的觀念，王重陽在《立教十五論》中批評肉體長生說：「欲永不死而離凡世者，大愚不達道理者也」。他認為，修道必須以修煉性命為根本，成功者可脫凡入聖，但得道證真並非是肉體白日昇天、脫離俗世，「離凡世者，非身離也，言心地也」，真正得道之人是「身在凡而心在聖境矣。」〔註 88〕只要「心忘慮念，即超欲界；心忘諸境，即超色界；不著空見，即超無色界。離此三界，神居仙聖之鄉，性在玉清之境矣。」〔註 89〕以上說明，王重陽在汲取佛教思想特別是其心性超越理論後，已經放棄了追求肉體長生不死的理想，轉而追求精神之不死即力圖通過心靈對現實的超越功夫而超越生死。「真性不亂，萬緣不掛，不去不來，此是長生不死也」，〔註 90〕要做到本來真性不亂，才是長生不死，強調了內在精神的超越。

　　內在精神即心靈的超越何以能導致超越生死而得道呢？王重陽認為，「心本是道，道即是心，心外無道，道外無心也。」〔註 91〕把心等同於道，這是重神輕氣、重心輕身傾向的進一步發展和哲理抽象。不過，王重陽這裡所指的心是本心、真心即本體之心。實際存在於人身中的心是人心，不是本心。人心顯然並不即是道，否則就沒有修煉之必要了。但如同作為本體的道依託於形而下的萬物而存在於萬物中一樣，本心也得依託於人心，存在於人心之中，這樣，只要按照道的性質來調整、清理人心，本心就會顯露出來，所謂「家家有性現精研」。這與禪宗講心即是本體，「萬法盡在自心，何不從心中頓見真如？」〔註 92〕「佛向性中求，莫向身外求」〔註 93〕的理路是一致的。

　　受禪宗「無念為宗」，保持心性清靜，「心是明鏡臺」，即色是空的影響，王重陽也強調心性清靜，無念無著，他說，「內清靜者，心不起雜念；外清靜者，諸塵不染著。」〔註 94〕在他看來，修行的關鍵在於順其自然，無所索求，摒除凡塵，而達到心地清靜的境界，除此，都不是真正的修行，「諸公如要真

十字。它宣揚「色即是空，空即是色」，「得真心分無掛礙，無掛礙分能自在」。）
〔註 88〕《重陽立教十五論》，《道藏》第 32 冊，第 154 頁。
〔註 89〕《重陽立教十五論》，《道藏》第 32 冊，第 154 頁。
〔註 90〕《重陽真人授丹陽二十四決》，《道藏》第 25 冊，第 807 頁。
〔註 91〕《重陽真人授丹陽二十四決》，《道藏》第 25 冊，第 808 頁。
〔註 92〕《六祖壇經‧般若品》。
〔註 93〕《六祖壇經‧疑問品》。
〔註 94〕《重陽授丹陽二十四訣》，《道藏》第 25 冊，第 807 頁。

修行，饑來吃飯睡來合眼，也莫打坐，也莫學道。只要塵冗事屏除，只要心中清靜兩個字，其餘都不是修行。」〔註95〕這裡需要說明的是，「無念」、「無心」之「無」並不是指存在意義上的有無，而是一種心理意義上的狀態，其真正的意義是「不以外境亂真心」，這與禪宗的不執著於內外二境也頗為相同，正如孫不二所描述的「定心之道，常若湛然，其心不動，昏昏默默，不見萬物，冥冥杳杳，不內不外，無絲毫念想，此是定心」的「明月孤輪照玉岑」的真空境界。

　　王重陽對於人與萬物產生根源的看法，更多採用的是佛家的緣起性空觀。王重陽說，「胎生卵濕化生人，迷惑安知四假因；正是泥團為土塊，聚為身體散為塵。」〔註96〕也就是說，一切人物的產生，就像泥土聚成土塊一樣，是假合而成，並不真實。基於這樣的認識，一切現世的問題，即在於對虛幻不真的外相的執著。由此，「明心見性」的慧覺便是解決問題的根本所在，本來的真性是覺悟之根源，得見自性，即獲解脫，所以王重陽說，「得性見金丹」，〔註97〕「本來真性喚金丹，四假為爐煉作團；不染不思除妄想，自然袞出入仙壇。」〔註98〕「真性」又被稱作「元初」，所謂「元初」，也就是「父母未生時真性本來面目」，不過與慧能的「不思善，不思惡」的超道德的心體與形體有根本分別。王重陽所創立的全真道和禪宗雖然都主張通過宗教修煉，逃脫陰陽造化之數，進入一個沒有生滅，沒有有無、動靜等對待的絕對自由世界。但禪宗是把成佛的功夫全部建立在「明心見性」之上，認為「自性若悟，眾生是佛；自性若迷，佛是眾生」，〔註99〕也即「悟則凡夫為佛，迷則佛為凡夫」。這樣，禪宗的所謂解脫，也只是一種典型的心靈解放，因為其也僅僅限於靈魂的解脫。而王重陽所創的全真道則主張「性命雙修」，雖然在整個修煉功夫中，性功居於統制地位，但全真的內丹修煉是通過性功牽動命功，最終達到性命雙融雙合，實現精神和肉體的雙重解脫。

　　中國的儒、佛、道三教，都關注安身立命之道：儒家的安身立命之道，簡單地說就是修齊治平，態度是入世的。一般而言，這種入世的態度，注定了儒家的安身立命之道既以致世太平為目的，也以世道太平作為先決條件，

〔註95〕《重陽全真集》卷十，《玉花社疏》，《道藏》第25冊，第747頁。
〔註96〕《重陽全真集》卷二，《道藏》第25冊，第703頁。
〔註97〕《重陽全真集》卷九，《四得頌》，《道藏》第25冊，第740頁。
〔註98〕《重陽全真集》卷二，《金丹》，《道藏》第25冊，第701頁。
〔註99〕《六祖壇經‧疑問品》。

而在世道喪亂不可入的時代裏，則因無所依託而產生內心之憂憤。佛教的態度正與儒家相反，是出世的。按照儒家的安身立命之道去衡量，佛教於世事的超越態度可謂近乎冷漠，所以如果從佛學思想而非其方便法門的角度看，佛教只能是少數思想家的宗教，或者說佛教真正試圖解決的，是那些只有少數思想家才能意識到的問題。道教的態度介於儒、佛之間，其安身立命之道是實現性命本真，所以既不甘陷溺於世道而難以自拔，也不願刻意追求超越而造成情感上的空豁。道教的這種處世態度和安身立命之道，發源於先秦道家，當世道喪亂、儒術難行時，它往往成為知識份子的必然選擇，於是有戰國時道家之興起，魏晉時玄學之興起。而自五代以降，內丹道乃以其獨具特色的性命之學，集中體現出道教的處世態度和安身立命之道，成為喪亂時代裏聊以自慰身心的人生選擇。

第四節　全真道「三教合一」思想的多元景觀
——以馬鈺、丘處機為中心

　　全真道是以「三教合一」這個基本的立教原則為背景建立起來的。總體來看，全真思想吸收、融攝了儒家、禪宗和傳統道教的許多養料。不過，我們可以看到，因全真道士們在思想傾向上的差異，在吸收儒、佛思想時有自己的考量和選擇，從而使得全真「三教合一」思想呈現出多元化的傾向。具體說來，可以區分為近道、近儒和近禪三家。這三家的代表人物分別是馬鈺、丘處機及龍門派和王志謹及盤山派。限於篇幅，本文僅以馬鈺和丘處機作為代表來梳理他們的「三教合一」思想及其理論特色。對此，著名學者錢穆在《中國學術思想史論叢》（六）中論述道，「丹陽之學似多參佛理，獨善之意為多。長春之學似多參儒術，兼善之意尤切。而兩人之學皆出重陽，蓋重陽宗老子而兼通儒釋，而丹陽、長春則學焉而各得其性之所近。」此論甚為精當。

一、清靜為體、參佛為用：馬鈺的「三教合一」思想

　　王重陽仙逝後，首先掌教的是馬鈺。馬鈺在全真七子中是第一個遇見王重陽。馬鈺（西元 1123 年～1183 年），原名馬從義，字宜甫，號丹陽。《分梨十化集·序》記載：「丹陽先生，系出扶風大辨之宗親也，家財鉅萬，子孫詵

詥，自幼業儒，不僞利祿，謹性好恬澹樂虛無。」〔註100〕《重陽教化集·序》稱，「先生本儒官名家，金穴豪士，自幼讀書，聰敏之性異於髫豎輩。」可見，馬鈺在入道出家前和其師王重陽一樣都出生於豪富之家而且飽讀儒書，都是極富儒學功底的讀書人。

《重陽授丹陽二十四訣》說，「三教聖人之意，凡人出家，絕名棄利，忘情去欲則心虛，心虛則氣住，氣住則神清，神清則德合，道生矣。孔子曰仁義禮智信，若修行之人，仁者不棄，義者不污，禮者不自高，智者不爭，信者不妄言。《金剛經》云，無諍三昧，人中爲第一也。」〔註101〕馬鈺繼承了王重陽的「三教合一」思想，不僅以「三教門人儘是予師父」，〔註102〕而且提出「三教門人省悟，忘人我，宜乎共處茅廬，物外玄談，句句營養毗盧」。儒、佛、道三家共處茅廬，進行「物外玄談」，把握三教義理的宗旨，領悟性命全眞之妙理。

馬鈺認爲，對眞理的領悟並非三教中哪一派的特權，學習聖人之智慧不應當有門戶之見，這其實是對其師王重陽三教平等一致思想的繼承和發揮。即便如此，馬鈺仍然認爲，道家、道教的清靜無爲之法乃最上乘法，「道則簡而易行，但清靜無爲，最上乘法也。」〔註103〕在繼承王重陽「三教合一」思想的基礎上，馬鈺以「清靜」爲修道之目的。針對門人問，如何才能超凡脫聖、成仙證眞，馬鈺的回答是「道家留丹經子書，千經萬論，可一言以蔽之，曰清淨。」〔註104〕「清淨者，清爲清其心源，淨爲淨其炁海。心源清則外物不能擾，故情定而神明生焉。炁海淨則邪欲不能幹，故精全而腹實矣。是以澄心如澄水，養炁如養兒。炁秀則神靈，神靈則炁變，乃清淨所致也。若行有心有爲之功，則有盡之術法也。若行無心無爲之理，乃無盡之清虛也。」〔註105〕通過清靜本心，回歸生命的本眞，以「眞清眞靜眞心」來實現生命之超越。馬鈺及丹陽派的思想可以概括爲，「夫道以無心爲體，忘言爲用，以柔弱爲本，以清靜爲基。若施於人，必節飲食，絕思慮，靜坐以調息，安寢以養炁。心不馳則性定，形不勞則精全，神不擾則丹結。然後滅情於虛，

〔註100〕《重陽分梨十化集·序》，《道藏》第 25 冊，第 790 頁。
〔註101〕《重陽眞人授丹陽二十四訣》，《道藏》第 25 冊，第 808 頁。
〔註102〕《漸悟集》，《道藏》第 25 冊，第 473 頁。
〔註103〕《丹陽眞人語錄》，《道藏》第 23 冊，第 703 頁。
〔註104〕《丹陽眞人語錄》，《道藏》第 23 冊，第 703 頁。
〔註105〕《丹陽眞人語錄》，《道藏》第 23 冊，第 703 頁。

寧神於極，可謂不出戶庭而妙道得矣。」〔註 106〕某種意義上，可以看出丹陽思想是對其師王重陽「做修持須搜索眞清眞靜眞心」〔註 107〕思想的繼承和發揮，也是對早期道家清靜、柔弱和傳統道教重視精、氣、神的回歸。

　　另一方面，也是對禪宗思想的有機融合和吸收。「清淨」本佛教用語，指清除妄念，至一念不生時，眞性自然顯露。從馬鈺所述「清靜」來看，頗類似於佛教的「無念」思想。馬鈺認爲，清靜也是性、命的根本，《金玉集》說：「命清得長生，性靜得久視。」馬鈺甚至認爲，「夫道但清靜無爲，逍遙自在，不染不著，此十二字若能咬嚼得破，便做個徹底道人。」〔註 108〕爲臻於清靜境界，馬鈺吸收了禪宗慧能南派的攝心方法，要求不拘泥於坐的形式，把澄心蕩念擴展到修道者的全部日常生活中來，「行住坐臥皆是行道，諸公休起心動念，疾搜性命，但能澄心遣欲，便是神仙。」〔註 109〕正如禪宗「禪不在坐」，馬鈺力斥只重打坐形式而忽略打坐的本質及目的。

　　他還以禪宗的空無思想來闡釋修道，要修道之人於「空無」中而「趣得」並「超越三界」。其《贈於瓦罐先生》曰，「但有形、必然有壞，休著有，自古來，著有有誰存在？好認無爲無作道，無情無念，無憎無愛，無我無人，無染無著，無礙之心，能消業障，遮無無人還解悟，無中趣得，無生無滅，超越三界。」〔註 110〕在此基礎上，他進一步提出「無心」之說，「無心者，非同貓狗，蠢然無心也，務存心於清淨之域而無邪心也，故俗人無清淨之心，道人無塵垢之心。」〔註 111〕馬鈺把心分爲「塵心」和「眞心」。「塵心」是有意念、有情欲的心；「眞心」則相反，所謂「心定念止，湛然不動，名爲眞心。」「塵心」和「眞心」非兩心，而是同一心的兩種狀態。「眞心」是沒有意念的心，所以也稱爲「無心」。「無心」就是體證內外混融，表裏俱寂的空境。因而，修道者應悟無爲，直取本性，即清靜自性，休向外尋求，「三十六道引，二十四還丹，此乃入道之漸門，不可便爲大道。若窮於爐竈，取象於龜蛇，乃無事生事，於性上添僞也。此皆誤人之甚矣。〔註 112〕在馬鈺看來，全眞之道，只是不思不慮的無爲：「僕問：『吾師之道，有作爲否？』師曰：『無也。

〔註 106〕　《丹陽眞人語錄》，《道藏》第 23 冊，第 703 頁。
〔註 107〕　《重陽全眞集》卷五，《道藏》第 25 冊，第 723 頁。
〔註 108〕　《丹陽眞人語錄》，《道藏》第 23 冊，第 702 頁。
〔註 109〕　《丹陽眞人直言》，《道藏》第 32 冊，第 155 頁。
〔註 110〕　《道藏》第 25 冊，第 628 頁。
〔註 111〕　《丹陽眞人語錄》，《道藏》第 23 冊，第 704 頁。
〔註 112〕　《丹陽眞人語錄》，《道藏》第 23 冊，第 703 頁。

雖歌詞中每詠龍虎嬰姹,皆寄言爾。』」〔註113〕也就是說,各種言象,種種譬喻,都只是方便,並沒有多少實質意義。一切有作,皆同虛妄,「人若行有心有爲之功,儘是術法;若行無心無爲之功,乃無盡清虛也。」〔註114〕這裡,馬鈺充分吸收了禪宗心性本淨的思想,而強調心性清靜修「無心無爲」的性功。

馬鈺主張把清靜貫徹到一時一行的日常生活中去,因而有內日用與外日用,即內外功之說。「外則應緣,內則養固,心上忘機,意不著物,觸處不生嫉妒,二氣常要清靜,一神自住。」〔註115〕從中可以看出,內日用的主要內涵就是澄心制念,煉氣養神,注重心性錘煉;而外日用則是以道德行爲規範來約束自己的心念,在外日用的入世修行中,馬鈺及丹陽派必然要涉及到與儒家思想的關係。

總體來看,馬鈺對儒家表現出雙重態度,一方面認爲,「儒則博而寡要,道則簡而易行,但清靜無爲,最上乘法也。」〔註116〕也就是說,儒家思想雖然很廣博、很豐富,但大多是關於仁義禮智信及封建倫理綱常思想,而相對缺乏比較精緻的精神修煉內容。某種意義上,儒家思想反而是對人的天性和自由的一種束縛甚至戕害,使人無法生活在逍遙的境界中。馬鈺稱儒家著意強調的「家庭」爲「火院」或「火宅」,從皈依求道的角度奉勸世人早日醒悟,所謂「養家便是甘中苦,學道須知苦裏甘,甘苦苦甘還省悟,出離火院住雲庵。」〔註117〕但另一方面,他在處理具體的人際關係時,仍以儒家倫理爲處事準則,「儒家云:以德報德,以直報怨。昔眞人云以信結友以恩復仇可謂至矣。」〔註118〕與馬鈺同時的早期全眞道的另外幾位大師則表現了統合儒家倫理的強烈意向:劉處玄《仙樂集》就有「普勸諸公,先行孝道」,「和睦孝順,勝似人情」,「治政清通,爲官忠孝。」譚處端《水雲集》則有,「爲官清政同修道,忠孝仁慈勝出家。行盡這般功德路,定將歸去步雲霞。」譚處端不僅表現了對儒家倫理的強烈關注,而且還一改丹陽出家修行的主張,認爲居家也可修行。這樣的改動,似乎也表達了自馬鈺以下早期全眞道各派的共同願望,這一點,尤其在丘處機及龍門派那裡表現得最爲強烈和明顯。

〔註113〕《丹陽眞人語錄》,《道藏》第23冊,第718頁。
〔註114〕《丹陽眞人語錄》,《道藏》第23冊,第703頁。
〔註115〕《丹陽眞人直言》,《道藏》第32冊,第155頁。
〔註116〕《丹陽眞人語錄》,《道藏》第23冊,第703頁。
〔註117〕《洞玄金玉集》卷一,《道藏》第25冊,第559頁。
〔註118〕《丹陽眞人語錄》,《道藏》第23冊,第703頁。

早期全眞道的這一變革，以外在修行（外日用）融合儒家的倫理規範。內日用和外日用的相互結合，滿足了當時出於戰亂中民眾出入世的雙重需求，從而也爲全眞道的進一步發展打下了基礎並擴大了影響。

二、內道外儒、功行相合：丘處機的「三教合一」思想

丘處機（西元 1148～1227 年）世稱「長春眞人」、「丘神仙」，是全眞道創始人王重陽的高徒、「全眞七子之一」，繼馬鈺、譚處端、劉處玄後掌教，爲全眞龍門派的創始人。據《南村輟耕錄》記載，丘處機「字通密，號長春子，（山東）登州棲霞縣濱都里人也……生而聰敏。」〔註119〕金大定六年（西元 1166 年），「吾之向道極心堅，佩服丹經自早年」〔註120〕的丘處機年方十九，便悟世空華，棄家學道。大定七年（西元 1167 年）謁王重陽於全眞堂，請爲弟子。據元好問《金蓮正宗記》說，王重陽一見愛之，「與語終夕，玄機契合」。金大定十四年（西元 1174 年）丘處機西入陝西磻溪、龍門，獨自隱居 13 年，歷盡艱辛，專志修道，大獲成功，爲他以後幾十年的弘道打下了堅實基礎。其後，曾不顧七十三歲之高齡，攜弟子十八人遠赴西域爲元太祖成吉思汗所召見，賜號「神仙」，而且被命掌管天下道教，爲全眞教在元初的興盛、發展奠定了良好的基礎。元至元六年（西元 1269 年）得贈「長春演道主教眞人」號，元至大三年（西元 1310 年）又得加封爲「長春全德神化明應眞君」。清代乾隆皇帝曾對他有高度評價：「萬古長生，不用餐霞求秘訣；一言止殺，始知濟世有奇功。」

丘處機是全眞教史乃至整個道教史上的一位非常重要的人物，對道教的發展尤其全眞道的推廣、流佈作出了不可磨滅之貢獻。除此之外，他還留下了很多著述，如《磻溪集》、《大丹直指》、《攝生消息論》、《長春祖師語錄》等。在上述著作中，丘處機把全眞道的修煉方法進一步系統化、規範化，而且繼承並發展了其師王重陽眞人的「三教合一」思想。

丘處機平時兼學三教經書，贊同「三教合一」，在其作品中也有突出表現。如《磻溪集》卷一云「儒釋道源三教祖，由來千聖古今同」，〔註121〕並根據其師王重陽眞人「吾將來使四海教風爲一家」〔註122〕的觀點，提出「推窮三教，

〔註119〕（元）陶宗儀：《南村輟耕錄》，北京：中華書局 1959 年版，第 120 頁。
〔註120〕《磻溪集》卷一，《詩·堅志》，《道藏》第 25 冊，第 811 頁。
〔註121〕《磻溪集》卷一，《道藏》第 25 冊，第 815 頁。
〔註122〕《金蓮正宗仙源像傳》，《道藏》第 3 冊，第 372 頁。

誘化群生，皆令上天合爲」，〔註123〕把儒、佛兩家思想中有利於自己的內容納入全眞道，所謂「因時設教從人樂，三皇五帝皆祖宗」。〔註124〕

總體來看，丘處機及龍門派比較注重吸納和融攝儒家思想，在內外雙修這兩條證道之路中，更加重視外修、外行，因而顯示出比其師王重陽和師兄馬鈺更爲濃厚的入世傾向。丘處機繼承王重陽祖師「內修眞功，外修眞行」的理論，提出了融合儒道的「內外日用」的修道主張：「舍己從人，克己復禮，乃外日用；饒人忍辱，絕盡思慮，物物心休，乃內日用。」〔註125〕以道爲內，儒爲外，將道教的修性與儒家的倫理相結合作爲修道之追求。丘處機認爲，在世俗生活中先人後己，舍己從人，剋制自己遵守社會的人倫禮法規範，用自己高尚的道德情操感化別人，這是「外日用」；寬恕別人的過錯，忍辱精進，心不爲物役，情不爲境牽，心中無思無慮，心體袒露，通過修心而讓常性袒露，這是「內日用」：「先人後己，以己方人，乃外日用；清靜做修行，乃內日用。」〔註126〕所謂「內日用」，其實也就是修心煉性，心性上做功夫。而「外日用」把上述兩條資料結合起來看，就是：舍己從人，先人後己，克己復禮，以己方人，這些條目差不多已經涵括了儒家所述的仁、義、禮、智、信等基本倫理道德規範。可見所謂「外日用」，實際上也就是踐履德行，丘處機及龍門派強調內外雙修，主張以道合德，實際上就是儒道結合，內道外儒。這種儒道貫通既是道教自創設以來的傳統，也是貫徹、落實王重陽及全眞教「三教合一」思想宗旨的一個重要表徵。

在吸收儒學方面，丘處機不僅遠甚其師、師兄弟，更重要的是表現出自己理論的特色：如對儒家「仁」學就提出了獨特見解，「仁者，生也。一點生機，鳥啼花放，山色波光，俱爲造化含之，皆爲眞地舒之，儘是陽春。一念不生爲仁體，萬念皆圓爲仁用。」〔註127〕這是將道教的清靜、佛教的圓融與儒家的仁學有機融爲一體。丘處機還深受儒家中庸之道思想的影響，反對走極端，肯定儒家思想的過猶不及。他說，「一陰一陽之謂道，太過不及俱失中。道貫三乘玄莫測，中包萬有體無窮。」〔註128〕我們知道，「一陰一陽之謂道」出自《易傳・繫辭》，「太過不及俱失中」出自《論語》。「過」，

〔註123〕《磻溪集》卷五，《道藏》第 25 冊，第 835 頁。
〔註124〕《磻溪集》卷五，《道藏》第 25 冊，第 835 頁。
〔註125〕《眞仙直指語錄》，《道藏》第 32 冊，第 437 頁。
〔註126〕《眞仙直指語錄》，《道藏》第 32 冊，第 437 頁。
〔註127〕《丘祖全書・語錄》，《藏外道書》第 11 冊，第 287 頁。
〔註128〕《磻溪集》卷一，《道藏》第 25 冊，第 815 頁。

是指超過中，「不及」是指達不到中，「中」是度、標準，是適中、恰到好處。中庸、中道、中行都是儒家處理問題和道德修養的基本方法。在丘處機看來，「太過」與「不及」都不符合標準，即不符合中道精神，而「中」即道，即「一陰一陽之謂道」。這裡，丘處機巧妙地將儒家處理世界、人際關係的中道、人生智慧轉化爲探究宇宙人生的根本智慧和根本方法即陰陽之道，而「道貫三乘玄莫測，中包萬有體無窮。」正說明，這個貫徹三乘、含包萬有的方法正是中道的「極高明」。

　　丘處機還經常宣揚儒家的「仁愛」、「忠孝」理論。他在與成吉思汗會見時，「之所以告太祖皇帝者，其大概不過以取天下之要在乎不殺，治天下之要在乎任賢」〔註129〕在外行方面，他勸成吉思汗以「敬天愛民爲本」，〔註130〕不濫殺無辜，使人民休養生息，選用賢能充任中原地區的地方官員，得到成吉思汗的認同，從而極大減少了中原人民的生命和財產損失。作爲全眞道的一代宗師，其所發揮的作用可能是當時任何儒生都難以企及的。

　　丘處機對儒家的孝道格外重視。他收弟子的重要標準之一就是「慈孝」，其弟子孟志源、夏志誠、祈志誠、李志源等都是以「慈孝」而出名的，從而也受到丘處機的厚愛。再如，當他聽到老家山東的信士戮力將其父母的遺骸改葬至大塋中，無限感激，即賦《滿庭芳》詞一首，以志念並謝忱。其小序云：「余自東離海上，西入關中，十五餘年，捨身求道，聖賢是則，墳塋罷修，考妣枯骸，孰加憐憫。邇聞鄉中信士，戮力葬之。懷抱不勝感激，無以爲報，遂成小詞，殷勤寄謝云。」其詞之下闋云：「關外至，皆傳盛德，悉報微躬。耳聞言，心下感念無窮。自恨無由報德，彌加志，篤進玄功。深迴向，虔誠道友，各各少災凶。」〔註131〕鄉中信士代他行孝，他十分高興又滿懷感激，就這一點而論，其實與儒無異。此外，從王重陽開始至丘處機，全眞道實行「物外結親」，也就是門徒要像世俗人家那樣對師長敬重，並盡最大努力來盡孝心，這也是儒家孝道思想的體現，丘處機更是進一步宣揚師恩重於父母恩：「重陽師父，昔日甘河曾得遇。大道心開，設教東遊海上來。天涯回首，擎得吾鄉三四友。魏國升遐，驚動秦川百萬家」，〔註132〕對重陽的感恩和敬重溢

〔註129〕陳垣：《道家金石略》，北京：文物出版社1988年版，第966頁。

〔註130〕《釋老傳》，宋濂：《元史》第15冊，北京：中華書局1976年版，第4524～4525頁。

〔註131〕《滿庭芳‧幼稚拋家》，《道藏》第25冊，第835頁。

〔註132〕《金蓮出玉花‧得遇行化》，《道藏》第25冊，第842頁。

於言表。

　　此外，丘處機對儒家的內省說也有著深切的體察，其修身理路實滲透著儒家「反求諸己」的內省修養方法。「反求諸己」是孔孟爲代表的正統儒家的基本致思路向和修身門徑。孔子說，「內省不疚，夫何憂何懼？」〔註133〕孟子則說，「學問之道無他，求其放心而已。」〔註134〕丘處機繼承並借鑒了孔孟這種內在超越之理路，反對人們執著於外求。他說，「一念無生即自由，千災散盡復何憂。不堪下劣眾生性，日夜奔馳向外求。」〔註135〕又說，「內省無愆，何憂何懼？」〔註136〕則是對孔子思想的直接搬用。

　　丘處機融攝並發展儒家思想，以致於任繼愈先生認爲全眞道已經成爲儒教的一個支派，「金元時期的全眞教把出家修仙與世俗的忠孝仁義相爲表裏，把道教社會化，實際上是儒教的一個支派。」〔註137〕但同時，我們也應清楚地看到，無論丘處機怎樣融攝儒家思想，怎樣推崇道德踐履，肯定進德和修道的內在聯繫；但在大局上基本上還能把握分寸。其一，是區分「道」與「德」，認爲它們之間既有聯繫又有區別。丘處機及龍門派認爲，「道」是本，是體，「德」是流，是用，「道」需要「德」來體現。《北遊錄》上說，「道雖幽冥難見，其可見者德也。」因爲道體微妙難見，因而修道落到實處，就是積德「是故學道以積德爲大體，必有實德然後有所昧。」通過辨析「道」與「德」的關係，既巧妙地融進了儒家思想，又堅守了道教本位。其二，丘處機雖然重視積德和道德功行，但又認爲一切功行不過是求道之資具，不可有所住著，他曾這樣告誡弟子，「學道之賓主，不可不明也，學道是主，萬緣皆賓。凡與緣接待，輕重塵勞，一切功行，皆是求道之資，無有不可爲者，惟不可有所著，一有所著則失其正矣。」丘處機一方面肯定德行本身的價值，一方面又以德行爲求道之資，認爲所有的塵世行爲都只有媒介和階梯之價值，只不過是識心見性的手段罷了，而且它們的價值應該而且必須圍繞修煉心性這個基本中心而展開。

　　丘處機在吸取、融攝儒家思想之外，也注意援引和相容佛禪理論，這主要體現在他的內丹心性理論當中。「圓成無礙無知，信法界空空寂滅迹。又勿

〔註133〕《論語・顏淵》。

〔註134〕《孟子・盡心上》。

〔註135〕《磻溪集》卷二，《道藏》第 25 冊，第 818 頁。

〔註136〕《磻溪集》卷五，《道藏》第 25 冊，第 833 頁。

〔註137〕任繼愈主編：《中國道教史・序》，北京：中國社會科學出版社 2001 年版，第 4 頁。

勞習定，安禪作用，偷閒終日，打坐行治。大理無時，眞功非相，動靜昏昏合聖規。無高下，但能通般若，總證牟尼。」〔註138〕這段話表明，首先從思想上認同佛禪，進而才能把佛禪理論融入其修煉的理論和實踐中來。丘處機首先吸收了佛教的「六道輪迴」的觀點，告誡門徒們要堅持心性的修煉，只有在心性上修煉，達到「識心見性」，才能眞正從心理上、精神上出離苦海，免受輪迴之折磨，從而享受「眞樂「，「人間聲色衣食，人見以爲樂，此非眞樂，本爲苦耳……殊不知天上眞樂，乃眞樂耳。」那麼如何才能脫離「苦海」，出離輪迴而享受「眞樂」呢？在丘處機看來，便是保有和全其「眞性」。所謂「眞性」，是指人心的本性，認爲它才是超出生死之永恒，而肉體是不能長生的，本來每個人的自心眞性是無欠無餘的，然而當人降臨到世間，由於產生種種情欲，所以迷失了自心本性，只要悟出本性，便可成仙登眞。丘處機在《長春祖師語錄》中指出，「生滅者形也，無生無滅者性也，神也。有形皆壞，天地亦屬幻軀，元會盡而示終。只有一點陽光，超出劫數之外，在身中爲性海，即元神也。」只要體認本來眞性，便可超出生死，享受眞樂。丘處機這種唯重修心見性超出生死的內修路線十分接近佛禪之道。

丘處機還引入禪宗「正念」、「邪念」、「虛空」等概念，要求道徒們樹立正念，去掉惡念，以心體空寂爲修煉的先決條件，所謂「性體虛空，方於正念」；若性體不空，則「陽神難出」，「陰神亦不出」。〔註139〕不能做到心體空寂，則修煉難成，所以強調修煉時首要「正意守持，一念不生」。〔註140〕「人若性到虛空，豁達靈明，乃是大道。」〔註141〕以人心性虛空作爲體道之前提，不難看出禪宗思想對丘處機修煉理論之影響。其次，於虛空、一念不生處體悟眞性。如其《月中仙·山居》云，「天生耿介，愛一身孤僻，逍遙雲壑。利名千種事，我心上，何曾掛著。」其《無俗念·性通》上闋更是很好地說明了這一點，「法輪初轉，慧風生，陡覺清涼無極。皓色凝空嘉氣會，豁蕩塵煩胸臆。五賊奔亡，三尸逃遁，表裏無蹤迹。神思安泰，湛然不動戈戟。」這裡可以看出，丘處機及龍門派的識心見性的理論與禪宗的明心見性大同小異。但與禪宗只有內日用而無外日用不同，龍門派強調以外日用

〔註138〕《沁園春·贊佛》，唐圭章編：《全金元詞》，北京：中華書局1979年版，第456頁。

〔註139〕《眞仙直指語錄·寄西州道友書》，《道藏》第32冊，第436頁。

〔註140〕《大丹直指》，《道藏》第4冊，第396頁。

〔註141〕《眞仙直指語錄·寄西州道友書》，《道藏》第32冊，第438頁。

為先、內日用為後的步驟去識心見性，所以它反對單純的頓悟，主張在漸修的基礎上講究頓悟，「有云：赫赫金丹一日成，學人執此言謂真有一日可成之理則誤矣。本所謂功行既至，天與之道，頓然有悟於心，故曰一日成也。若果有不待功行，一日可成之理，則人人得師真一言皆可入於道，而祖師及諸師真又何必區區設教，化人修行，勤苦如此？」正是在內外日用的功行論基礎上，龍門派認為，識心見性的「心」與一般意義上的心不同，是「平常心」。「平常心」這一概念是禪宗提出的，但龍門派賦予了它不同於禪宗的內涵。「平常心「不區分是非物我，正如丘處機所言，「是非人我絕談論，卻返生前混沌。」〔註142〕「平常心」逍遙自在，齊一生死，視萬物為一如，超越於形而下的有形世界，具有昂揚高遠的境界。其弟子尹志平在闡述「平常心」時，既引用了禪宗的「佛性原無悟，眾生本不迷，平常用心處，即此是菩提」的話，也以「孔子說中道亦平常之義」，說明他有意識地融會儒、佛、道三教。「平常心」以禪宗的不動心為體，以儒家的中庸之道為用，以道教的本心、真心為底蘊，實現了形上與形下、入世與出世的統一。

　　從追求境界上來看，全真道所追求的也不是傳統道教的延年益壽，而是成仙成佛。在《長春祖師語錄》中，丘處機說，「吾宗之不言長生者，非不長生，超之也。此無上大道，非區區延年小術也。」在他看來，人生之意義和價值在於超離凡世，成仙成佛。丘處機這種超出一般生死、獲得精神之解脫的認識，不能不說是受到佛禪「見性成佛」的影響，其《水龍吟・贊佛》坦承，「無高下，但能通般若，總證牟尼。」綜上，丘處機繼承並大力發展了其師「三教合一」的思想，他廣泛融攝儒、佛理論，可以說，王重陽提出了「三教合一」之旨，而真正融貫並對全真道作出改革的是丘處機。

第五節　宋元道教「三教合一」思想的新發展
——以李道純、陳致虛、牧常晁為例

　　在儒、佛、道三教融合的大趨勢下，道教南北二宗自身也開始融合。我們知道，自兩宋張伯端、白玉蟾開創道教南宗以來，南宗丹法主要在南方一帶傳播。明朝學者宋濂在《送許從善學道還閩南序》中有云，「宋金以來，說者滋熾，南北分為二宗；南則天台張用成，……北則咸陽王中孚。」伴隨著

〔註142〕《磻溪集》卷六，《道藏》第 25 冊，第 842 頁。

蒙元的政治一統，隔絕百餘年之久的南北文化開始融合，原在華北誕生、發展的全真道（即道教內丹北宗）在元室的扶植和支持下迅猛發展，勢力開始向南擴張，引發了道教南北二宗的交鋒和融合。在融合的過程中，產生了一批道兼南北、學貫三教的傑出人物，從而使有元一代道教的發展最富有活力和生機：他們中的代表人物主要有李道純、陳致虛和牧常晁，討論他們的以心性論為旨趣的「三教合一」思想，有助於我們從理論上廓清道教「三教合一」思想在元代的發展及其特色。

一、李道純學述

李道純（西元 1219～1296 年），字元素，號清庵，別號瑩蟾子，盱眙（今屬江蘇淮安市）人，《鳳陽府志》卷三，列李道純於盱眙縣道流之中，謂其「字元素，號清庵，別號瑩蟾子，博學長才。所著《中和集》並注《太上大道德經》三章、《道德會要》等書行世。」〔註143〕李道純原為茅山道士，後吸收金丹南宗內修理論，從而轉入道教南宗系統。其授受源流根據《玄教大公案》所述，「帝君（東華帝君）傳正陽鍾離權仙君，鍾傳純陽呂仙君，呂傳海蟾劉仙君，劉南傳張紫陽玉紫，北傳王重陽七真。道統一脈，自此分為二。惟清庵李君得玉蟾白真人弟子王金蟾真人授受，為玄門宗匠，繼道統正傳以襲其明，亦多典集見行於世。」〔註144〕

李道純著述豐贍：有《中和集》、《道德會元》、《三天易髓》、《全真集玄秘要》、《太上老君說常清靜經注》、《太上陞玄消災護命妙經注》、《太上大通經注》、《無上赤文洞古真經注》等，還有其門人輯有《清庵瑩蟾子語錄》六卷。他的著作皆撰於元初，自稱其宗曰全真，《中和集》有「全真道人，當行全真之道。」此外，他把自己的易學著作定名為《全真集玄秘要》，《中和集》內有《全真活法》之篇，這就充分說明他及其南宗至元已經逐步合流於全真道之中。陳教友在《長春道教源流》中論及李道純時說，「觀其所言，頗得全真派養生之要，蓋欲挽南宗流弊而歸諸北宗者。」〔註145〕

李道純除了融合道教南北二宗，「博學長才」的李道純對理學和佛教禪宗都有比較深入的瞭解和研究，他以道教南北二宗心性理論構架為核心，對

〔註143〕《古今圖書集成神異典》第 51 冊，北京：中華書局 1985 年版，第 62677 頁。
〔註144〕《道藏》第 23 冊，第 889 頁。
〔註145〕《藏外道書》，第 31 冊，第 125 頁。

理學和禪宗的心性理論大量融攝和吸收，更以「道儒釋三教，名殊理不殊」
〔註146〕的觀念作爲其指導思想，融南北二宗丹法於一爐，大量吸收儒、佛
尤其是禪宗的理論，從而成就以「中和」爲本的內丹心性學，成爲有元一代
道教中融合三教最具特色的代表人物，成爲宋元道教「三教合一」思想的集
大成者。〔註147〕

二、李道純以「中和」爲本融攝三教

　　同宋元儒學的中和說相比較而言，李道純「中和說」的最大特色在於，
他不僅用一「中」字統攝三教在理想境界上體悟和認知上的紛紜，而且用一
「中」字，圓融了道教南北二宗有關性命之修孰先孰後、孰輕孰重之爭執。
這種「中」字丹法，以其統合儒、佛、道三教，整合道教的博大而圓融之性
格，獨成一家之言，對後世內丹道的發展產生了深遠影響，客觀上也激發了
元代以降理學及心學在心性學說上的深入爭論和發展；更爲重要的是，李道
純的「中和說」，進一步推進了宋元道教「三教合一」思想的新發展。

　　「中和」一詞，本爲儒家倫理觀念，是指不偏不倚，不乖不戾之意。在
先秦儒家看來，人的情感、情緒如喜怒哀樂在還沒有被激發的時候是既不喜
也不怒，既不哀也不怒，其心境、心態是不偏不倚的，這種狀態謂之「中」。
至宋元理學，對此又有發揮，認爲「中和」是體現了心性從「寂然不動」至
「感而遂通」，從心之「未發」到心之「已發」的過程。北宋程頤在《近思錄》
中說，「喜怒哀樂未發謂之中，中也者，言寂然不動者也，故曰天下之大本。
發而皆中節謂之和，和也者，言感而遂通也，故曰天下之達道。」南宋朱熹
則發揮爲性和情，他說，「喜怒哀樂，情也；其未發，則性也。無所偏倚，故
謂之中。發皆中節，情之正也，無所乖戾，故謂之和。」〔註148〕李道純吸收
了儒家理學的這些思想，並把它們改造成爲內丹修煉的核心思想，他引《禮

〔註146〕《中和集》卷五，《道藏》第 4 冊，第 520 頁。
〔註147〕借助於「中和」的觀念，李道純從本體論和修養論的層面上對儒、佛、道三
　　　　教的義理做了系統而深層次的融合，從而加深了三教自晚唐五代以來在義理
　　　　上進一步融合的趨勢，客觀上也激發了元代以降理學及心學在心性學說上的
　　　　深入爭論和發展。毫不誇張地說，欲深入探討明代王陽明對南宋理學集大成
　　　　者朱熹「致中和」說的繼承與詰難，如果繞開元代著名道教理論家李道純「中
　　　　和說」的發展這一中間環節，是不可想像的。
〔註148〕《四書章句集注》，《朱子全書》第六冊，上海：上海古籍出版社 2002 年版，
　　　　第 33 頁。

記·中庸》並加以發揮，「未發謂靜定中謹所存也，故曰中；存而無體，故謂天下之大本；發而中節，謂動時謹其所發也；故曰和；發無不中，故謂天下之達道。誠能致中和於一身。則本然之體虛而靈，靜而覺，動而正，故能應天下無窮之變也。老君曰：『人能常清靜，天地悉皆歸。』即子思所謂『致中和，天地位，萬物育』同一意。中也，和也，感通之妙用也，應變之樞機也，《周易》『生育流行，一動一靜』之全體也。」〔註149〕這完全是從儒家的理論視角來闡發和演繹道教的心性理論。

不難看出，李道純的「中和說」與理學朱熹的「中和說」有同有異，朱子以主敬為涵養功夫，以「敬」字來貫通「已發」和「未發」，未發之中體基本上是指瑩然無私、廓然大公的道德本體或本心；李道純則主張重視未發時的靜定功夫，將「中」看作是虛靈而靜覺的本然之體，並以「中」字來統攝「已發」和「未發」：在他看來，「寂然不動」——「靜」——就是「中」，感而遂通——「動」——就是「和」，「未發」謂「靜」，「已發」謂「動」，一動一靜方能「感而遂通」而致「中和」。李道純的中和觀主要來源於儒家理學，但他對「中」的詮釋則融攝了儒、佛、道三家之養料，集中表現了宋元「三教合一」思潮在其思想中的影響。

「中是儒宗，中為道本，中是禪機，這三教家風，中為捷徑，五常百行，中立根基。」〔註150〕李道純認為，「中」既是儒、佛、道三教之根本，又是體認三教之捷徑。而「中」的基本含義應是澄明無念、超越善惡是非的本然境界。如他所說，「所謂中者，非中外之中，亦非四維上下之中，不是在中之中。……釋云：『不思善，不思惡，正恁麼時，那個是自己本來面目。』此禪家之中也。儒曰：『喜怒哀樂未發謂之中。』此儒家之中也。道曰：『念頭不起處謂之中。』此道家謂之中也。此乃三教所用之中也。《易》曰：寂然不動，中之體也；感而遂通，中之用也。《老子》云：致虛極，守靜篤，萬物並作，吾以觀其復。《易》云，復，其見天地之心。且復卦一陽生於五陰之下，陰者靜也，陽者動也，靜極生動，只這動處便是玄關也。」〔註151〕「玄關」（玄牝）一著，道教內丹諸派皆以為要，但正如道教內丹南宗祖師張伯端所言，「玄牝之門世罕知」，道教中對此解釋也是五花八門，「或云眉間，或云臍輪，或云

〔註149〕《中和集》卷一，《道藏》第4冊，第483頁。
〔註150〕《中和集》卷六，《道藏》第4冊，第516頁。
〔註151〕《清庵瑩蟾子語錄》卷六，《道藏》第23冊，第754頁。

兩腎中間，或云臍後腎前，或云膀胱，或云丹田，或云首有九宮，中為玄關，或指產門為生身處，或指口鼻為玄牝。」〔註152〕李道純則明確指出，上述解釋都拘泥於形體，所說皆非；在他看來，此「玄關」不是別的，而正是他上面所說之「中」，即人藉以修性修命的心性本體，「諸丹經皆不言正在何處者，何也？難形筆舌，亦說不得，故曰玄關。所以聖人只書一中字示人，此中字玄關明矣。所謂中者，⋯⋯汝但於二六時中，舉心動念處著工夫，玄關自然見也。見得玄關，藥物、火候、運用、抽添乃至脫胎神化，並不出此一竅。」〔註153〕可以看出，體「中」達「中」的最高境界其實就是性命雙修、圓頓混成的境界，體「中」達「中」的工夫實際上就是修性達命的功夫。

他融會南北二宗丹法，主張「性命雙修」：「夫性者，先天至神一靈之謂也；命者，先天至精一氣之謂也。精與性，命之根也。性之造化繫乎心，命之造化繫乎身。見解智識，出於心也；思慮念想，心役性也；舉動應酬，出於身也；語默視聽，身累命也。命有身累，則有生有死；性受心役，則有往有來。是知身心兩字，精神之舍也。精神乃性命之本也。性無命不立，命無性不存。其名雖二，其理一也。⋯⋯雖然，卻不可謂性命本二，亦不可分為一件說，本一而用則二也。」〔註154〕而在「性命雙修」法門中，玄關是本體，見得玄關是功夫，玄關之體與玄關之用是貫通為一，並非兩截，即本體即工夫，本體與功夫不二，所以，「寂然不動即玄關之體也，感而遂通即玄關之用也。自見得玄關，一得求得，藥物火候三元八卦盡在其中矣。」〔註155〕見得玄關的功夫實際上就是致和守中的功夫，在李道純看來，能做到守中致和，則「能一徹萬融」也。〔註156〕而李道純致中和的核心在於追求恢復先天本來真性，即內丹修煉所追求的金丹，「夫金丹者，虛無為體，清靜為用，無上至真之妙道也。」〔註157〕「金者，堅也，丹者，圓也。釋氏喻之為圓覺，儒家喻之為太極。初非別物，只是本來一靈而已。本來真性，永劫不壞，如金之堅，如丹之圓，愈煉愈明。」〔註158〕這裡，李道純進一步把如何透玄關，如

〔註152〕《中和集》卷三，《道藏》第 4 冊，第 498 頁。

〔註153〕《中和集》卷三，《道藏》第 4 冊，第 498 頁。

〔註154〕《中和集》卷三，《道藏》第 4 冊，第 503 頁。

〔註155〕《中和集》卷三，《道藏》第 4 冊，第 493 頁。

〔註156〕《中和集》卷三，《道藏》第 4 冊，第 493 頁。

〔註157〕《中和集》卷二，《道藏》第 4 冊，第 490 頁。

〔註158〕《中和集》卷三，《道藏》第 4 冊，第 497 頁。

何達到體「中」達「中」，歸之爲「煉虛」工夫。

　　玄關之體是中體，中體即虛體。透玄關即致中和，致中和即致至虛，在李道純看來，作爲世界本源、本原的道是虛無恍惚的，「是知虛者大道之體，天地之始，動靜自此出，陰陽由此運，萬物自此生，是故虛者天下之大本也。」〔註159〕不僅如此，李道純還認爲「虛」字其實是儒、佛、道三教秘傳的心法。《煉虛歌》有云，「爲仙爲佛與爲儒，三教單傳一個虛。亙古亙今超越者，悉由虛裏做工夫。學仙虛靜爲丹旨，學佛潛虛禪已矣。扣予學聖事如何，虛中無我明天理。道體虛空妙無窮，乾坤虛運氣圓融。還丹妙在虛無谷，下手致虛守靜篤。」〔註160〕致虛極、守靜篤，這是李道純內丹煉養理論的又一要訣，同時也反映了在融攝儒、佛之後對老子道家思想的一個復歸，但不是一般意義上的歸復，而是一種新的詮釋和發展。李道純認爲，所謂「靜」並非是不動，若以不動爲靜，則土石皆可成聖成眞。這裡的「靜」是動中之靜，所謂「眞靜」，李道純引《道德經》之說而闡述云，「太上云：『至虛極，守靜篤，萬物並作，吾以觀其復。』此言靜極而動也。『夫物蕓蕓，各復歸其根，歸根曰靜，是謂復命。』此言動極而復靜也。」〔註161〕而「至靜之極，則自然眞機妙應，非常之動也。只這動之機關，是天心也。天心既見，玄關透也。玄關既透，藥物在此也。鼎爐在此矣，火候在此矣。三元、八卦、五行，種種運用，悉具其中矣。」〔註162〕工夫至此，動靜相須，身心合一，乃至身入無爲，心歸虛寂。到此境界，精自然化氣，氣自然化神，神自然化虛，與太虛（大道）混而爲一，這是道教孜孜以求的與天地相往來的精神境界，也是人的身與心的雙重自由，是人的眞正完成。

　　以上，我們抓住李道純內丹修煉理論中的幾個核心範疇「中」、「虛」、「靜」等闡述了李道純以道教爲本位，融攝儒、佛、道三教的理論特色。而在《詠儒釋道三教總贈程潔庵》這篇文章中，集中表達其「三教合一」思想。李道純以修煉性命對三家要旨作如下歸納：儒家——「致知格物，正心誠意，人心惟危，道心惟微，惟精惟一，允執厥中，窮理盡性，以致於命，忠恕而已，復見天心，知周萬物，退藏於密，常愼其獨，一以貫之，復歸於無極」；佛教

〔註159〕《中和集》卷四，《煉虛歌》，《道藏》第 505 頁。
〔註160〕《中和集》卷四，《道藏》第 4 冊，第 506 頁。
〔註161〕《中和集》卷四，《動靜說》，《道藏》第 4 冊，第 505 頁。
〔註162〕《中和集》卷四，《動靜說》，《道藏》第 4 冊，第 505 頁。

——「二身一體，三心則一，消礙悟空，顯微無間，不立有無，戒定慧，無有定法，虛徹靈通，眞如覺性，常樂我靜，朝陽補破衲，對月了殘經，金剛經塔」；道教——「清靜無爲，無上至眞，眞元妙用，損之又損，三返晝夜，一得永得，抽添鉛汞，玄牝之門，出群迷徑，入希夷門，多言數窮，不如守中，九轉神丹，可道非常道」。〔註163〕在李道純看來，儒、佛、道三教本質是一致的，最終都在於心性的修煉，所謂「教有三門，致極處，元來只一。這一字法門，深不可測，老子谷神恒不死，仲尼心易初無盡，問瞿曇教外涅盤心，密密密。」〔註164〕「禪宗理學與全眞，教立三門接後人。釋氏蘊空須見性，儒流格物必存誠。丹臺留得星之火，靈府銷熔種種塵。會得萬殊歸一致，熙臺內外總登眞。」〔註165〕這樣，融攝儒、佛入道不僅是可能的，還是必須的，「引儒釋之理論證道，使學者知三教本一，不生二見。」〔註166〕

三、李道純融攝理學、禪學心性論的努力

　　元代之前，全眞道在理論上主要側重於援禪入道，元代一統天下以後全眞南傳，較多受到理學的影響，處於理學統治地的江南，李道純自不能例外。而對理學的吸收和融合，主要表現爲對理學心性論方面，與之前主要是從儒家倫理綱常方面是有著很大區別的。

　　李道純在回答，「崇釋與修道，可以斷生死，出輪迴；學儒可盡人倫，不能了生死，豈非三教異同乎」時說，「達理者，奚患生死耶？且如窮理盡性以至於命，原始返終，知周萬物則知生死之說。所以性命之學，實儒家正傳，窮得理徹，了然自知，豈可不能斷生死輪迴乎」，〔註167〕充分體現了其尊儒觀念，在他看來，只要能理徹了然，儒家和道、佛二家一樣都可以斷生死輪迴，性命之學也是儒家之正傳、核心。

　　理學心性論的一個重要內容便是區分「道心」與「人心」。二程曾論及「本心即道」的思想：「心即性也，在天爲命，在人爲性，所主爲心，實一道也。」又言，「心與道，渾然一也。」心學先驅陸九淵則進一步提出「心

〔註163〕《清庵瑩蟾子語錄》卷六，《道藏》第 23 冊，第 759～761 頁。
〔註164〕《中和集》卷六，《道藏》第 4 冊，第 518 頁。
〔註165〕《中和集》卷五，《道藏》第 4 冊，第 514 頁。
〔註166〕《中和集》卷六，《道藏》第 4 冊，第 527 頁。
〔註167〕《中和集》卷三，《道藏》第 4 冊，第 493 頁。

即理」的觀點：「人皆有是心，心皆具是理，心即理也。」李道純吸收宋代理學把心分爲「道心」與「人心」的做法，也把心分爲「道心」與「人心」，「以道觀道，道即心也。以道觀心，心即道也。」〔註168〕但區分的標準不是理學的「天理」與「人欲」，而是「動」與「靜」，即「不動之心」爲「道心」，「不靜之心」爲「人心」，「古云：常滅動心，不滅照心。一切不動之心皆照心也，一切不止之心皆妄心也。照心即道心也，妄心即人心也。」〔註169〕李道純雖然吸收了把心分爲「道心」與「人心」的朱子的思想，但卻是從道教內丹修煉的角度來闡述並有發揮，「道心」與「人心」是心的兩種狀態，「道心」是先天的，「人心」是後天的。同心可分爲先天的道心與後天的人心一樣，身也有先天與後天之區別，「予所謂身心者，非幻身肉心也，乃不可見身心也。」〔註170〕這裡把身心劃分爲肉體身心和不可見身心，可算是李道純的獨創，這種不可見身心究竟是什麼呢，李道純接著說，「身者，歷劫以來清靜身，無中之妙有也。心者，象帝之先，靈妙本有之眞無也。」〔註171〕這裡顯然談的是先天之身心，把身界定爲「無中之妙有」，把心界定爲「靈妙本有之眞無」是用有無關係把身心關聯起來，這在道教哲學史上乃至在整個中國哲學史上都是很有意義的。我們知道，總體而言，在唐代之前，道教僅僅重視煉形煉氣，即只是關注修身。盛唐前後，道教重玄家們如司馬承楨等提出了「修道即修心，修心即修道」的主張，修心受到人們的重視，但修身並沒有被廢棄。那麼修身與修心的關係理論理應得到探討，其後，以張伯端爲祖師的道教南宗和以王重陽爲祖師的道教北宗都試圖從內丹修煉的角度解決這個問題。雖都提出「性命雙修」，但性命先後順序的爭議說明這個問題並沒有能得到很好的解決。某種意義上，可以說，直到李道純這兒，這個問題才得到比較圓滿的解決。李道純吸收儒家理學思想，把身心都做了二分，用有無關係把形而上與形而下，先天與後天聯繫並統一起來，可謂是塡補了道教哲學的一個空白也極大推動了中國哲學之發展。

作爲一名融攝二宗、博學長才的道士，李道純對作爲儒道學源的《易經》和尊爲道教教主的《道德經》都非常重視。他曾稱「竊謂伏羲畫易，剖露先

〔註168〕《中和集》卷三，《道藏》第 4 冊，第 503 頁。

〔註169〕《中和集》卷一，《道藏》第 4 冊，第 483 頁。

〔註170〕《中和集》卷三，《道藏》第 4 冊，第 502 頁。

〔註171〕《中和集》卷三，《道藏》第 4 冊，第 502 頁。

天，老子著書，全彰道德，此二者，其諸經之祖乎？」〔註172〕他推崇《周易》認為，「聖人所以為聖者，用《易》而已矣。」〔註173〕他重視《道德經》，從中挖掘出「真常」之道，認為這是《老子》的根本。〔註174〕李道純的理論特色在於試圖將「真常」概念同《易經》中的「不易」或「常易」概念以及周敦頤、朱熹等理學家所闡發的「太極」概念等相貫通。如他說，「常易不易，太極之體也。……所謂常者，莫窮其始，莫測其終，廓然而獨存者也。……常易不易故能統攝天下無窮不變。」〔註175〕又說，「常者，易之體；變者，易之用。古今不變，易之體；隨時變易，易之用。無思無為，易之體；有感有應，易之用。知其用，則能極其體；全其體，則能利其用。……全其易體足以知常；利其易用，足以通變。」〔註176〕「太極度未判，動靜之理已存；二儀肇分，動靜之機始發。」〔註177〕在李道純看來，所謂的易之體（不易）即是太極之體，道之體；所謂的易之用（變易）即是太極之用，道之用。所以，道之體用的關係，其實就是常與變、靜與動的關係。正是因為道體、易體、太極之體是無差別的，李道純將之都歸為「無一」。李道純在《無一歌》中說：「道本虛無，生太極，太極變而先有一，一分為二，二生三，四象五行從此出。無一斯為天地根。玄教一為眾妙門，易自一中分造化，人心一上運經綸，天得一清地得寧，谷得以盈神得靈，物得以成人得生，侯王得之天下貞，禪向一中傳正法，儒從一字分開闢，老君以一闡真常，曾參一唯妙難量，道有三乘禪五派，畢竟千燈共一光，抱元守一通玄竅，惟精惟一明聖教，太玄真一復命關，是知一乃真常道。休言得一萬事畢，得一持一保勿失，一徹成融天理明，萬法歸一未奇特，始者一無生萬有，無有相資可長久。誠能萬有歸一無，方會面南觀北斗。至此得一復忘一，可與化元同出沒。」李道純將絕對的無一賦予了作為世界本根的「真常」之道，反過來又將本根之道的無一作為認知的最高目的和修行的最高目標。也正是從無一這一無任何規定的抽象中，他找到了其預設的「三教合一」的理論基點以及統

〔註172〕《道德會元·序》，《道藏》第 12 冊，第 642 頁。

〔註173〕《中和集》卷一，《道藏》第 4 冊，第 486 頁。

〔註174〕鄧錡在《道德經三解》自序中曰：「老氏一書，真常為主」，較早地提出了「真常」的概念。

〔註175〕《中和集》卷一，《道藏》第 4 冊，第 484 頁。

〔註176〕《中和集》卷一，《道藏》第 4 冊，第 484～485 頁。

〔註177〕《全真集玄秘要》，《道藏》第 4 冊，第 530 頁。

攝南北宗的理論依據。從道本無一的立場出發，李道純進一步認爲道教的「金丹」同佛教的「圓覺」、儒家的「太極」等概念也是能夠融會貫通的，「釋曰圓覺，道曰金丹，儒曰太極，所謂無極而太極者，不可極而極之謂也。釋氏云：『如如不動，了了常知。』《易繫》云：『寂然不動，感而遂通。』丹書云：『身心不動以後，復有無極眞機。』言太極之妙本也。是知三教所尙者，靜定也，周子所謂主於靜者是也。」〔註178〕「金者，堅也，丹者，圓也。釋氏喻之爲圓覺，儒家喻之爲太極。初非別物，只是本來一靈而已。本來眞性，永劫不壞，如金之堅，如丹之圓，愈煉愈明。釋氏曰○，此者眞如也；儒家曰○，此者太極也；吾道曰○，此者金丹也。體同名異。易曰易有太極，是生兩儀，太極者虛無自然之謂也。兩儀者，一陰一陽也。……太極者，元神也。兩儀者，身心也。以丹言之，太極者丹之母也。兩儀者，眞鉛眞汞也。〔註179〕「釋曰玄珠，儒曰太極，道曰金丹，名三體一。」〔註180〕李道純將「太極」原有的生成義轉化爲煉金丹所依據的心性本體義，太極作爲元神，實相當於人一念未生時，未爲意識和情緒活動所擾亂的波動的寂定心體，「蓋人心靜定，未感物時，湛然天理，即太極之妙也。〔註181〕從「境界形態」而非「實有形態」來看，太極或元神，眞如或圓覺，「釋曰玄珠，儒曰太極，道曰金丹，名三體一。」〔註182〕在三教所追求的理想境界上，李道純在回答門人提問：「先生云三教一理極荷開發，但釋氏涅槃，與道家脫胎，似有不同處」。答曰：「涅槃與脫胎，只是一個道理。脫胎者，脫去凡胎也，豈非涅槃乎？如道家煉精化氣、煉氣化神、煉神還虛，即抱本歸虛，與釋氏歸空一理無差別也。又問：脫胎後還有造化麼？曰：有造化。在聖人雲身外有身，未爲奇特。虛空粉碎，方露全眞，所以脫胎之後正要腳踏實地，直待與虛空同體，方爲了當。且如佛云眞空，儒曰無爲，道曰自然，皆抱本還元與太虛同體也。執著此徒疇克知此一貫之道哉！」〔註183〕

李道純繼承內丹南宗和全眞道援禪入道的傳統，其在闡述內丹理論時大

〔註178〕《中和集》卷一，《道藏》第 4 冊，第 482 頁。

〔註179〕《中和集》卷三，《道藏》第 4 冊，第 497 頁。

〔註180〕《三天易髓》，《道藏》第 4 冊，第 525 頁。

〔註181〕《中和集》卷一，《道藏》第 4 冊，第 482 頁。

〔註182〕《三天易髓》，《道藏》第 4 冊，第 525 頁。

〔註183〕《中和集》卷三，《道藏》第 4 冊，第 496～497 頁。

量援引佛教尤其是禪宗的心性學說。他非常重視王重陽提出的《般若心經》的學習，並注釋《心經》。他認為佛教《心經》中「是大神咒，是大明咒，是無上咒，是無等等咒」這句話「比得道書妙中之妙，玄上之玄，無上可上，不然而然。」〔註184〕故著《心經直指》一篇，釋「是大神咒」：「謂四大堅固，身神通莫測」；釋「是大明咒」：「謂智慧圓通，精進明妙也」；釋「是無上咒」：「謂合和本來，是最上一乘也」；釋「是無等等咒」：「謂圓滿極，則無上可上也。了此四咒者，然後能除一切苦」。經過這樣的解說，佛教《心經》的學說自然與道教的內丹修煉理論相貫通，故李道純說，「以禪宗奧旨引證，觀是書而熟玩其味，曲求其旨，自然絕物我之殊，無異同之見也。」〔註185〕道教修煉術與禪宗修心理論的貫通，不管是在修煉內丹的斬塵緣、絕思慮的準備過程中，還是在虛心靜處的實際修煉中，禪宗的「心生種種法生，心滅種種法滅」起到了很大的作用，這種思想在他的詩詞中佔有很大的位置。「識破無人無我，何須求佛求仙。隨時隨處總安禪，一切幻塵不染。」〔註186〕在終極修煉指向上，李道純還認為道教的脫胎和佛教的涅盤其實是一樣的，「涅盤與脫胎，只是一個道理。脫胎者，脫去凡胎也，豈非涅盤乎？」〔註187〕這是從修煉的境界上來融合佛道二教。在為《老子》作注的《道德會元》中，李道純又吸收禪宗以心性為本的思想，認為萬事萬物都歸於心，不離心，「以輻輳轂，利車之用，即總萬法歸心，全神之妙也，輻不輳轂，何以名車，法不歸心，無以通神。〔註188〕既然如此，故修道即修心，道教修煉的關鍵與禪宗修煉的關鍵一樣都是「明心見性」。在這裡，李道純又是如何融攝的呢？他指出，「夫最上一乘，無上至真之妙道也。以太虛為鼎，太極為爐，清靜為丹基，無為為丹母，性命為鉛汞，定慧為水火，窒欲懲忿為水火交，性情合一為水火並，洗心滌慮為沐浴，存誠定意為固濟，戒定慧為三要，中為玄關，明心為應驗，見性為凝結，三元混一為聖胎，性命打成一片為丹成，身外有身為脫胎，打破虛空為了當。此最上一乘之妙，至士可以行之，功滿德隆，直超圓頓，形神俱妙，與道合真。」〔註189〕這是他所認為的修煉中，最上一乘法即「頓法」，為上根器人所用，上根器人只要窮

〔註184〕《清庵瑩蟾子語錄》卷一，《道藏》第23冊，第733頁。
〔註185〕《清庵瑩蟾子語錄》卷六，《道藏》第23冊，第756頁。
〔註186〕《中和集》卷六，《道藏》第4冊，第521頁。
〔註187〕《中和集》卷三，《道藏》第4冊，第496頁。
〔註188〕《道德會元》，《道藏》第12冊，第646頁。
〔註189〕《中和集》卷二，《道藏》第4冊，第492頁。

的一理盡，「戒則自定，定則自然慧通」則盡性至命，一時都了。而中下根
基的人須從漸入，「先窮物理，窮盡始得盡性。才有一物不盡，便有窒凝處。
須先一一窮盡，得見自己性，然後至於命也。」所以對於中下根器人而言，
忘情絕念謂之戒，寂然不動謂之定，默識潛通爲之慧。人之心性本無次序，
因其根基差異，而有頓漸之分。李道純這兒吸納了佛教頓漸成佛的心性修煉
方法，認爲內丹修煉也有頓、漸之分。漸教起手之初，煉精化氣，漸次煉氣
化神，然後煉神還虛，最後還虛合道。而「頓教則不然，以精氣神謂之元藥，
物下手一時都了。」〔註 190〕在援禪方面，李道純還採用了禪宗獨特的打坐、
參究、棒喝、圓相符等手段，以求「明心見性」。他上堂開示、陞堂講經，
極似禪師。李道純旨在用禪宗獨特的悟道方式以明道德之旨。如，李道純論
《老子》之「道」時說，「道之可道者，非眞常之道也。夫眞常之道，始於
無始，名於無名，擬議即乖，開口即錯。設若可道，道是什麼？既不可道，
何以見道？可道又不是，不可道又不是，如何即是？若向這裡下得一轉語，
參學事畢，其或未然。須索向二六時中，興居服食處，回頭轉腦處，校勘這
令巍巍地、活潑潑地、不與諸緣作對底是個什麼？校勘來校勘去，校勘到校
勘不得處，忽然摸著鼻孔，通身汗下，方知道這個元是自家有的。」〔註 191〕
這段論「道」，從方法到用語的口氣，一如北宋禪宗臨濟派所創立的「看話
禪」。看話禪只要把某個公案中某句關鍵性的話頭提出來令學人參究，令學
人由此發生疑情，死守不捨，奮力參究，不疑不悟，疑則必悟，大疑大悟，
疑團破處便是悟。看話禪反對從文字中去求得理解，而要通過大疑大悟產生
聰慧，從而獲得禪悟境界。李道純曾經模仿看話禪的形式創造出許多道教公
案，如他取文殊菩薩得女子定、兩僧捲簾、夾山法身、洞山寶鏡、三昧五位
顯訣等公案。在對禪宗「寶瓶裏面養金鵝」這則公案所做的闡述中，李道純
是從內丹修煉理論加以闡發。幼鵝放寶瓶中飼養，體積龐大時，不得打破寶
瓶，金鵝何以出？李道純用內丹理論解釋爲：「寶瓶裏面養金鵝，水中金也，
爐中丹也。養金鵝則是養聖胎也。聖胎成，如瓶中鵝子也。瓶破鵝出，世俗
之常理也；鵝出而瓶不破，此脫胎之妙也。故祖師云：『錦帳之中藏玉狗，
寶瓶裏面養金鵝。其金丹之妙歟？』」〔註 192〕李道純以金鵝比喻聖胎，以金
鵝出寶瓶比喻煉氣化神，陽神出殼，鵝出而瓶不破乃脫胎之故，即爲金丹煉

〔註 190〕《清庵瑩蟾子語錄》卷六，《煉性指南》，《道藏》第 23 冊，第 756 頁。
〔註 191〕《道德會元》卷上，《道藏》第 12 冊，第 644 頁。
〔註 192〕《清庵瑩蟾子語錄》卷一，《道藏》第 23 冊，第 734 頁。

成。禪宗公案就這樣被李道純從內丹修煉的角度巧妙地給破解了。不僅如此，李道純還對禪宗的以心傳心、教外別傳等進行了公開的探討。「問：達摩西來，不立文字，直指人心，見性成佛，如何是見性？曰：達摩以眞空妙理，直指人心，見性者，使人轉物，情空自然轉性也，豈在乎筆舌之傳哉！」〔註193〕認爲要領悟佛祖的眞空妙理達到「直指人心」、「見性成佛」的空靈超脫的境界，不是靠文字之傳，而是在於「情空」而轉性，以佛禪的「空」來體認眞性，故「聖人以無言而形於有言，眞常之道也。」〔註194〕道純還留下大量的偈頌，如「鐵壁千重，銀山萬座，拔轉機輪，驀直透過。要知山下路，但問去來人。」〔註195〕「世間一切有，到底不長久。攝伏獼猴心，聽取獅子吼。若能運出家中寶，啼鳥山花一樣春。」〔註196〕「至道不難知，人心自執迷。疑團百雜碎，驀直到曹溪。秋水春花無限意，個中只許自家知。」這些偈頌，很像飽學禪師之作。

四、陳致虛、牧常晁「三教合一」思想的特色

陳致虛（西元 1290～？年），字觀吾，道號上陽子，江西廬陵人（今江西吉安人），元代中後期著名內丹道家。主要著述有《上陽子金丹大要》、《上陽子金丹大要圖》、《上陽子金丹大要仙派》、《上陽子金丹大要列仙志》、《元始無量度人上品妙經注解》、《周易參同契分章注》、《紫陽眞人〈悟眞篇〉三注》等。其中，最爲著名的當屬《上陽子金丹大要》（簡稱《金丹大要》）。據該書自序介紹，陳致虛早年一直浪迹世間求道，直到四十歲時才遇見全眞道徒緣督子趙友欽，授予金丹大道。趙友欽，字緣督，饒郡人（今屬江西上饒人），「爲趙宗子，幼遭劫火，蚤有山林之趣。極聰敏，天文、經緯、地理、術數、莫不精通。」〔註197〕其著有《金丹眞理》、《金丹問難》、《仙佛洞源》、《三教一源》等書。

趙友欽的師承淵源爲黃房公披雲宋德芳（曾隨馬丹陽學道，繼隨丘長春而爲西遊十八人之一）—— 太虛眞人李珏 —— 紫瓊眞人張模（君範）。〔註198〕

〔註193〕《中和集》卷三，《道藏》第 4 冊，第 496 頁。
〔註194〕《中和集》卷三，《道藏》第 4 冊，第 496 頁。
〔註195〕《道德會元》，《道藏》第 12 冊，第 464 頁。
〔註196〕《中和集》卷三，《道藏》第 4 冊，第 652 頁。
〔註197〕《上陽子金丹大要仙派》，《道藏》第 24 冊，第 76 頁。
〔註198〕潘雨廷：《道教史發微》，上海：上海社科院出版社 2003 年版，第 156～157 頁。

可見，上陽子陳致虛師承全眞北宗，從宋德芳到陳致虛俱爲南人，也說明了全眞北宗在南方的拓展。今本《金丹大要》南北並舉，廣引諸家之說，以《參同契》、《陰符經》、《悟眞篇》引用最勤，語句中對南宗高道如石杏林、薛紫賢等極爲推崇，可見陳致虛修煉內丹已經融合南北二宗。潘雨廷認爲，「上陽子之道，內具有南宗之象，且有取法《中和集》之理，尤其是對老子之認識。上陽子作《道德經轉語》，實有繼承《道德會元》之象。」〔註199〕陳致虛論道雖不分南北，卻以北宗傳人自居。《金丹大要》云：「我重陽翁受於純陽而得丹陽，全眞教立。長春、長眞、長生、玉陽、廣寧、清靜諸老仙輩。枝分接濟，丹經妙訣，教滿人間。」又云，「有得此《金丹大要》，不能明瞭於中奧旨，便可像繪祖師純陽、重陽、丹陽三仙眞形，晨夕香花，一心對象，請念此《金丹大要》一遍、百遍、千遍，日積月深，初心不退，自感仙眞親臨付授，頓爾開悟，理路透徹，心地虛靈。即時腳跟踏得實際。」陳致虛秉承全眞馬丹陽「全拋世事、心地下功」的宗風，在實際的內丹修煉過程中，十分重視對心性問題的探討。他在繼承早期全眞心性理論的框架時，又注意吸收南宗的內修心性論，進一步完善了全眞道「性命雙修」的理論體系，並從心性論的深度對全眞道「三教合一」這一基本的立教原則進行了更爲深入和精妙的討論。

陳致虛有非常濃厚的「三教合一」思想：《上陽子金丹大要》通篇皆儘量列舉三教經典、事例來證明自己的觀點。他認爲，「三教一家，實無二道，其分彼我者，乃是一個盲人鞭騎瞎馬而與人較勝負。」〔註200〕述其原因，乃是「儒者不明曾子子思之相受何事，卻猜之爲日用當行；釋者不能明心見性，只得念誦頑坐；道則不究金丹竅妙，以爲焚修法術。」〔註201〕在陳致虛看來，儒、佛、道之三教後學皆不明聖賢仙佛的原意，卻在旁門左道上越走越遠，並相互詬病。

「孔子曰：『參乎吾道，一以貫之』，老子曰：『萬物得一以生』，佛祖曰：『萬法歸一』，是之謂三教之道，一者也。聖人無兩心。佛則云：明心見性。儒則云：正心誠意。道則云：澄其心而神自清。語殊而心同。是三教之道，惟一心而已。然所言心卻非肉團之心也，當知此心乃天地正中之心也，當知

〔註199〕潘雨廷：《道教史發微》，上海：上海社科院出版社2003年版，第158頁。
〔註200〕周冶：《金丹大道的丹道思想》，成都：《宗教學研究》2001年第4期。
〔註201〕周冶：《金丹大道的丹道思想》，成都：《宗教學研究》2001年第4期。

此心乃性命之原也。是《中庸》云：『天命之謂性』，《大道歌》云：『神是性兮，氣是命』，達摩東來直指人心，見性成佛，是三教之道，皆當明性與命也。孔子曰：一陰一陽之謂道。老子曰：萬物負陰而抱陽。六祖教旨示云：日與月對，陰與陽對。是三教之道，不出於陰陽二物之外也。孔子曰：成性存存，道義之門。老子曰：玄之又玄，眾妙之門。佛云：無上眞實，不妄之門。是云三教各門而同歸者也。是以教雖分三，而道則一也。」〔註202〕這段論述表明，陳致虛首先從本體論著眼，認爲世界上可能有兩個本體，儒、佛、道三教祖師所言的「一」是一致的。進而，他又從心性論的角度論證，認爲三教之精粹乃在心性問題上的探討是一致的，最終歸結到性、命這兩個基本概念，可見陳致虛探討心性不能離開全眞「性命雙修「和」三教合一「之祖風。然而，陳致虛的」三教合一「理論之最具特色之處在於：他並沒有一味停留在形而上的理論層面，而是迅速將其理論認知落實到內丹修煉的實踐中，在金丹大道的基礎上將儒、佛、道三教統一起來。陳致虛認爲，老子是儒、佛、道三教共同的祖師，老子的思想是萬法之宗，不僅如此，在他看來，老子其實是內丹道的始祖，「老子之道，即金丹大道也。」〔註203〕表現出陳致虛融合三教的道本位立場。在他看來，老子的《道德經》中已經蘊涵內丹理論，只要人們讀它而悟，因悟而得，因得而有修煉，有修煉而成金丹。在內丹經典《陰符經》、《道德經》、《悟眞篇》、《參同契》等文獻中，他認爲《道德經》是根本性的。他繼承南宗祖師張伯端的思想，以《道德經》的「上德無爲而無以爲」來解釋內丹的性功修煉，以《道德經》的「下德爲之而有以爲」來解釋內丹的命功修煉。

　　陳致虛和李道純重視《道德經》可以說是時代思潮使然。唐末之後內丹學重視《道德經》而不重《莊子》，這與之前唐代《道德經》、《莊子》並推而實際偏重《莊子》不同。其根本原因在於，《莊子》重在闡發本體論，而《道德經》重在闡發本源論，而內丹修煉主要在於本源論的逆反運用。陳致虛認爲，逆反本源生化萬物的順序，是內丹修煉的基本原則，「修大丹與生身受氣之初，渾無差別，但有順逆耳……故順而生物者，人也；逆而生丹者，聖也。」〔註204〕本源化生萬物是自無生有，內丹修煉則是自有入無。基於

〔註202〕《金丹大要》卷七，《藏外道書》第9冊，第98頁。
〔註203〕《上陽子金丹大要》卷一，《道藏》第24冊，第6頁。
〔註204〕《周易參同契分章注》，《藏外道書》第9冊，第257頁。

這一認識，陳致虛秉承道教哲學傳統，給道賦予物質形式氣，從而把絕對的本體道從形而上的層面拉回到形而下的實體層面，也便於內丹實際修煉的具體操作。他首先將「道」定義爲氣，「道也者，果何謂也？一言以定之曰『炁』也。」〔註 205〕但是，作爲世界本源的炁卻並非人和萬物之呼吸之氣，陳致虛自己說，「吾所謂炁非天地呼吸口鼻往來（之炁）」，此炁乃先天一炁。並且在陳致虛看來，道就存在於先天一炁之發展變化之中：「何謂道？先天一炁之造化也。」〔註 206〕這裡可以看出，陳致虛不僅將道實體化爲本源的氣，而且認爲道就存在於氣的運行變化之中。這爲修道實際就是修煉金丹大道打下了伏筆。進一步，陳致虛將儒、佛、道三教理論都闡釋爲金丹大道，「道之爲物，通氣而生氣，復資氣而育天地萬物，未有非氣而自生育者⋯⋯氣之外者曰黑鉛，即金丹之道也，釋云佛法，儒謂仁義，道曰金丹，三教大聖必用是氣而後方能成佛作仙。」〔註 207〕從而在金丹大道的基礎上統合三教。他還直接以金丹大道的鉛汞之說來統合三教，云，「禪與性合，以土制鉛也；金木相投，以鉛伏汞也；仁與義施，以直養炁也。故一陰一陽，《易》之道也；離宮修定，禪之宗也；水府求玄，丹之府也。名雖分三，道惟一爾。」〔註 208〕

　　除李道純、陳致虛外，牧常晃也是元代一位南北兼通、主張「三教合一」的道教學者。牧常晃的主要著作有《玄宗直指萬法同歸》。據《玄宗直指萬法同歸》介紹，牧常晃起初修禪，後於《悟眞篇》得黍珠之意，由此而悟得命宗。牧常晃以匯合三教、齊同萬法爲宗。其中對禪宗心性論吸收較多，他一生都致力於將全眞與禪宗相融合。《玄宗直指萬法同歸》中有一段，頗能說明問題，「或問：全眞教大類於禪，何也？曰：老氏之虛無自然，無爲清靜，未嘗不類於釋氏也。其存形養命之術，乃聖人不得已。於第二雲頭捺下一門，蓋引漸修之士也。上乘一脈，非聖人孰能與於此？全眞乃頓修，故類於禪。」牧常晃繼承了早期全眞「性命雙修「和」三教合一「的基本教旨，主張內丹修煉應該形神俱妙，與道合眞。相較而言，其「三教合一」思想更爲徹底。其《玄宗直指萬法同歸》首列出「三教同元圖」，以圖的直觀形式來表達他的「三教合一」思想。他說，儒、佛、道三家的關係就猶如「兄弟

〔註 205〕《金丹大要》，《藏外道書》第 9 冊，第 102 頁。
〔註 206〕《悟眞篇三注》，《道藏》第 2 冊，第 975 頁。
〔註 207〕《金丹大要》卷一，《藏外道書》第 9 冊，第 10 頁。
〔註 208〕《參同契分章注》，《藏外道書》第 9 冊，第 258 頁。

三人同一父母所生，不幸父母早逝，兄弟流離他國。及其長也，承嗣三家，各變其姓氏。」〔註209〕受李道純以「無極而太極」解釋道教哲學的本源論和本體論的影響，也受從周敦頤到朱熹儒家理學之影響，牧常晁認為，無極純粹是理，理生氣，太極則是理氣混沌之產物，「無極者，純然理之謂也。蓋有是理而後有是氣，理氣混沌，是名太極。此有名萬物之母也。」然後由太極而生天地人三才和萬物。無極是純而又純之理，太極則是理氣的混合。在這兒，他以「太極」這一概念來統合三教，闡述其「三教合一」思想，謂「夫三家者，同一太極，共一性理，鼎立於華夷之間，均以教育為心也。」〔註210〕「釋氏用之以化天下，複本性；老氏用之以化天下，復元炁；儒氏用之以化天下，復元命。」〔註211〕又說，「儒氏養之以太極，用之以治天下；老氏養之以太極，用之以存形神；釋氏養之以太極，用之以齊生死。」〔註212〕在他看來儒、佛、道三教都是養之以太極，而分別用之治天下、存形神、齊生死，用異而體同。他還以中庸、常住、真常來融通三教，「中庸，儒者之極道也；常住，釋氏之極道也；真常，太上之極道也。因時有古今，道有陞降，故體同用異也。」〔註213〕牧常晁還吸收理學「無極而太極」處理理和氣關係框架，直接把性界定為無極，即「太極之真無」，視為理；把命界定為太極，即「無極之妙有」，視為氣。這樣就實現了性、命與形而上的哲理溝通，從而直截了當地從哲理的高度為全真性命雙修的主張做了比較圓滿的論證，並發展了李道純在這方面的思想。

　　無論是修命還是修性還是先後次序有別，牧常晁認為，儒、佛、道三教說到底都是從心上下功夫，儒家的正心、佛教的明心、道教的虛心其實是同一個道理。「或問：儒曰正心，佛曰明心，老曰虛心，此三者有同異否？答曰：思無邪曰正，反照自己曰明，私欲不蔽曰虛。設曰三心，實一理也。在世人分上，門有同異，到聖人地位則無異同。」〔註214〕儒家的正心使得心中邪念不生，佛教的明心即返照自己，道教的虛心是不讓私欲遮蔽本心。反觀內照，除欲袪邪是三教心上功夫的共同點。在世俗的層次上，修煉的門徑存有差別，修煉到了高級階段，這種差別就不存在了。故從心性層次來說，「釋即道也，

〔註209〕《玄宗直指萬法同歸》，《道藏》第 23 冊，第 913 頁。
〔註210〕《玄宗直指萬法同歸》，《道藏》第 23 冊，第 913 頁。
〔註211〕《玄宗直指萬法同歸》，《道藏》第 23 冊，第 915 頁。
〔註212〕《玄宗直指萬法同歸》，《道藏》第 23 冊，第 936 頁。
〔註213〕《玄宗直指萬法同歸》，《道藏》第 23 冊，第 915 頁。
〔註214〕《玄宗直指萬法同歸》，《道藏》第 23 冊，第 937 頁。

道即儒也。……聖人之理一而已矣，非有淺深之間哉！」三教的差別在於「用之於天下，特施設之不同也。」〔註215〕

可以看出，宋元道教「三教合一」思想之心性歸趨，較以往任何時候都更爲明顯和強烈：一方面反映了宋元道教哲學尤其是道教心性論的大發展；另一方面似乎又向我們暗示著宋元理學心性論的強大。心性之學原本是儒家固有之學，經過佛、道二教的外在刺激和儒學的內在新興，宋元理學心性論某種意義上已經超越了予其啓發和影響的道、佛心性論，所以，宋元道教極力倡導三教合「一」於心性，既是其自身理論內在發展規律使然，也是其理論生存和發展的客觀需要。不過，我們也看到，宋元以後道教一方面借助「三教合一」思想得以生存和發展，另一方面又因過於迎合、倡導之「同」，而逐漸泯滅自身之「異」，不斷喪失道教獨特的理論特色，從而爲宋明理學所掩蓋和遮蔽。明清時期，道教鮮有大家，理論也少有發展，歷史和邏輯雙重「事實」使我們認知到：宋元道教「三教合一」思想確實已經攀上了巔峰。

〔註215〕《玄宗直指萬法同歸》，《道藏》第 23 冊，第 916 頁。

第四章 宋元道教「三教合一」思想與中國哲學

　　以上，我們以歷史和邏輯相結合的方法對宋元道教「三教合一」思想作了縱向的考察和研究；在本章中，我們嘗試把它作為一個整體，從橫向上看看，它對同時代的道教哲學、佛教禪學、儒家理學的發展產生了何種影響，進而探求其在整個中國哲學史上的地位和意義。

第一節 宋元道教「三教合一」思想與道教哲學

　　道教「三教合一」思想的醞釀、形成和發展、成熟，首先促進了道教自身的發展、完善和內部的統一，擴大了道教的影響；但與此同時，也在一定程度上限制和束縛了道教個性的充分發展，削弱了道教的勢力。道教「三教合一」思想對道教、道教哲學發展的積極意義主要體現在以下幾個方面。

　　第一，道教「三教合一」思想推動了道教自身的變革。歷史地看，道教的大變革或可稱作革命的主要有兩次：一次是由漢魏兩晉的原始道教或曰早期道教向官方道教（成熟化）的轉化；另一次則是由隋唐占主流的外丹論向宋元占主導的內丹論（心性化）的轉變。通過考察這兩次尤其是第二次的變革，我們可以發現，如果沒有道教「三教合一」思想作為基礎的有力促進，是難以想像的：道教自身所固有的開放、包容成就了道教「三教合一」思想的形成；反過來，道教「三教合一」思想又大大促進並壯大了道教包括道教哲學的轉型與發展。

　　宋元之前，道教「三教合一」思想主要側重於儒、佛、道三教社會功能相同的契合。此時的道教、道教哲學大量吸取儒、佛二教的思想，尤其是仿傚佛教信仰的理論性和齋規儀禮的系統完整，首次設立了規範化、系統化的一整套道教齋醮儀式和規戒制度，道教信仰的理論化程度也得到了一定提高，道教哲學得到了一定程度的發展，道教擺脫了原始、粗糙的狀態，而具備了系統、成熟之形態，從而完成了道教史上的第一次革命或曰變革。

　　肉體長生不死、得道成仙是道教修煉和追求的至高理想。宋元以前，道教對長生和仙境的追求主要求助於外在修煉，金液丹藥是長生不死、得道成仙的絕對保證，這是道教外丹論的思想特性。外丹論到東晉道教思想家葛洪那裡，已經登峰造極，但效果卻不甚理想。外丹論所注重的金丹昂貴難以普及，更大的問題還在於金丹取源於劇毒物，煉製和服用稍有不慎，便有可能危及到性命。歷史上，因服食金丹中毒身亡的大有人在，甚至包括一些所謂萬金之軀的帝王、后嬪，這自然使得人們對金丹心存疑慮乃至畏懼。道教又面臨著一場革命，儒、佛、道三教相通相合，三教理論終於在唐宋之際不約而同地由外在修養轉向內在修養。綿延宋元乃至明清的道教內丹論應運而生，這是「三教合一」思潮激蕩、促進的結果，這種轉變又昇華了「三教合一」，使「合一」從原來主要局限於功能上的「導民向善」發展到中心義理上強調三教同源、心性旨趣。

　　第二，道教「三教合一」思想促進眾多新舊道派的融合和統一。道教自產生之日起，便道派繁多；宋元時期，道教發展迅猛，又產生了許多新興道派，每一宗派之間因傳人的不同，也繁衍出眾多小的支派和宗派。在宋元時期，較大的宗派有太一道、眞大道、全眞道、內丹南宗、新淨明道、清微派、天心派、正一道等。大的宗派內部又有各種小派別：少陽派、正陽派、純陽派、重陽派、龍門派、隨山派、南無派、遇山派、華山派、清淨派等等近八十餘支派別，這些大大小小的宗派在義理、齋儀科規等方面各有特色，但皆不同程度地吸儒納佛，自覺不自覺地肯定或主張「三教合一」思想；反之，道教「三教合一」思想的發展又促使道派之間互通有無、相互學習和對話，終於導致後來各宗派之間的歸屬和合併，明後存留下來的道派主要是全眞道和正一道，其他道派或歸於全眞道，或併入正一道。道派融合、合併，這其中固然有諸多因素的促成，但「三教合一」思想起到了很大的推動和加速作用。

　　第三，道教「三教合一」思想促使道教吸引更多徒眾，爲道教乃至道教哲學的發展，打下了堅實和雄厚的群眾基礎。我們知道，道教作爲本土宗教信仰本植根民間，但最初並未眞正深入人心。百姓對符籙派道教的信仰多局限於它能攘災治病、祈福增壽等。對外丹論而言，平民百姓因爲不可能奢望得到金丹，也就談不上對其有多少信仰；更何況，外丹論多注重個人煉丹修行，傳道是靠師徒密授，修行的方式及途徑富有神秘性，即使是修行者本人也未必全能掌握其秘訣。這些因素限制了道教的影響範圍，只出現了一些小型宗教組織。

　　宋元內丹論的出現，則徹底改變了這種狀況。道教「三教合一」思想不僅推動了內丹論的產生，而且構成了內丹論的思想基礎。內丹論從義理上吸儒納佛，它融入佛教禪定思想，運用佛教輪迴說、因果報應論；以儒家倫理道德爲依據施行教化。修持方法上，內丹道教援用儒家的性命之說和以正心誠意爲主的自我修養，又吸取佛教尤其是禪宗的靜心、禪定和頓悟。修持方向也由以前的出世轉入入世，與佛、儒二教相類似，道教開始重視現實之苦，以拯救眾生爲目的。如全眞立教原則便是「普濟眾生，遍拔黎庶」，同時在修煉方法上提倡「簡易」，便於一般人修行；新淨明道等不僅在思想主旨上向下層百姓靠近，其修煉方法也提倡「簡易」，時人在評論新淨明道教主劉玉時就說：「其法以忠孝爲本，敬天崇道，濟生度死爲事，簡而不繁。」淨明道和金丹南宗甚至主張信徒居家修行、不衣道服等。

　　「三教合一」思想使得道教逐漸世俗化、下層化，更加接近民眾，人們不一定要像道士那樣專心修道，也能理解和接受道教，從中獲得安慰和寄託。這些特點，有力地擴大了道教的影響，吸引了大批的信徒。新淨明道傳播於江南，南宋末到元明之間，影響甚大。太一道金代時，聲威大振，門徒增盛，信徒也有數萬之眾。眞大道以苦行爲要，據《崇玄廣化眞人岳公碑》記載：「一時州里田野，各以其所近而從之。」傳至八祖岳德文時，眞大道影響更甚，「西出關隴至於蜀，東望齊魯至海濱，南極江淮之遠」〔註 1〕皆有其信徒。全眞道勢力更大，「南際淮，北至朔漠，西向秦，東向海」，無不見其信徒，所謂「十廬之邑，必有香火一席之奉」，以致於統治者懼其有張角之變而不得不限制和禁止，但不久在民間又「勢如風火，愈撲愈熾」。〔註 2〕與南方新淨明道等不

〔註 1〕　中國道教協會研究室編：《道教史資料》，上海：上海古籍出版社 1991 年版，
　　　　　第 339、341 頁。
〔註 2〕　轉引自李養正：《道教概說》，北京：中華書局 1989 年版，第 171 頁。

同的是，金入主中原之後，金統治區一般下層民眾和在野漢族士人因不滿金人異族的野蠻統治，民族矛盾尖銳，由此決定了全真道等北方新道教既是下層化的宗教團體，又是在野漢族士人相互聯絡的組織。宋元道教「三教合一」思想的流行，加速和推動了當時相當一批熟讀孔孟詩書、原本堅持儒家本位的在野士人們逐漸認同並參與到道教中來。虞集在《道園學古錄》卷四十中說：「金有中原，豪傑奇偉之士，往往不肯嬰世故，蹈亂離，則草衣木食，或佯狂獨往，各立名號，以自放於山澤之間。當時是師友道表，聖賢之學，泯滅漸盡，惟是為道家者，多能自異於流俗，而又以去惡復善之說勸諸人，一時州里田野，各以其所近而從之。受其教戒者，風靡水流，散於郡縣，皆力能耕作，治廬舍，聯絡表樹，以相保守，久而未之變也。」陳垣先生在《南宋初河北新道教考》中也說：「以逸民名初期之全真，誠得全真之真相。」事實上，全真自西元 1168 年王重陽祖師正式創教，一直到西元 1187 年（金世宗大定十七年），與金統治者基本上沒有什麼聯繫，相反在民間下層的影響卻越來越大。正一道明代由統治者扶持為道教正統，對民眾也很有吸引力。明中葉以後，道教教義、道教哲學無多大發展，但其「三教合一」思想仍在繼續向前發展並深入人心，影響社會生活的各個方面。

第四，道教「三教合一」思想促使道教得以借助儒、佛之勢而張揚和推廣。在三教關係中，道教因其宗教素質不高和教理、教義的欠完備，而一直處於弱勢的地位，既受佛教的打擊、排擠，也被儒家所輕視和反對。在這樣一種生存壓力下，道教的「三教合一」思想有利於其從深度和廣度上吸儒納佛以提升自身素質，深化道教教義、教理，以促進道教和道教哲學的發展，從而也為自己在三教關係中爭得有利之席位。在「三教合一」思潮之下，道教在融攝儒、佛的同時，它的一些思想內容也為儒、佛所吸納，這種文化交融的現象在宋明時期表現得最為突出。宋代理學之集大成者朱熹表面上反對佛、老，實際上與此前的很大一部分理學家一樣，卻又暗暗汲取佛、道之精華。他年輕時就曾出入於佛老，與一些道士的交情很深，遊覽時「每宿道庵」，在他的武夷精舍專門設立命名於道書《真誥》的寒棲館，供「道流」們居住。因長期受道家、道教之影響，其一千多首詩也頗具道家氣度。如紹興十八年，朱熹在臨安殿試期間，就寫下了一首道家色彩非常濃厚的《武林》詩：「春風不放桃花笑，陰雨能生客子愁。只我無心克愁得，西湖風月弄扁舟。」〔註3〕

〔註3〕《朱熹集》卷十，成都：四川教育出版社 1996 年版，第 423 頁。

再如在《題謝少卿藥園二首》中說，「小儒添師訓，迷謬失其方。一為狂暗病，望道空茫茫。頗聞東山園，芝木緣高崗。」這裡的「芝木」便是金丹，由此可見，朱熹對道教內丹術及其思想的景仰。「閒來生道心，妄遣慕真境」〔註4〕的朱熹，晚年還用「空同道士鄒訢」的筆名花費極大的精力來注釋道教重要經典《周易參同契》和《陰符經》，其筆名的真實含義是自比為《莊子・在宥》中空同山上的道士廣成子。朱熹研究上述兩部道家、道教經典，心中或許有希冀長壽乃至長生的願望，但從其綿亙終生對道家、道教的持續關注和研究來說，目的可能不僅僅在此，而是力求把個人的身心修煉和社會治亂的道理融會貫通，汲取其思想養料，濟儒振儒，構建自己的哲學體系。但與此同時，從另一個側面，也反映了道教「三教合一」思想所帶來的道家、道教自身理論素質的提升而產生的對儒家或佛家的吸引力。

宋元時期的佛教徒主要是融合儒學，但也兼攝道教。南宋禪僧克勤曾用道教思想概念來闡釋佛理，所謂「道本無言」，「大象無形至虛包萬有」，「啟無為之化，行不言之教」，「融通萬有而混成」，這些都表現出他深受道教之影響。再如元代禪僧行秀引《道德經・谷神不死》章思想來解釋佛理：「玄牝之門，是為天地根，綿綿若存。又曰：吾不知誰子，象帝之先。衲僧為言，綿綿若存，不可一向斷絕去也。象帝之先者，空劫以前，佛未出世時也。」〔註5〕道教的神仙信仰、思想理論、修煉方法等都不同程度地滲入儒、佛；反之，亦然。道教因「三教合一」思想，不斷更新和壯大自身，並通過儒、佛滲透到社會、文化生活的各個層面。

道教的「三教合一」思想大大增強了道教的圓融性，進而，這種圓融也大大增強了道教對社會各階層的適應性，增強了道教社會功能的有效發揮。在處理三教關係上，道教本著順應統治者以儒治世，以佛修心，以道修身的方針，為了促使自己在社會上得以存在和發展，一方面強化鬼神信仰，與來源於佛教的因果報應觀念相結合，以儒學的倫理綱常為內容，以「善有善報，惡有惡報，不是不報，時候未到」，「做了虧心事，天打五雷轟」為原則，向基層老百姓恪守禮法。另一方面，也不放棄齋醮儀式、符籙禁咒、祈禳、煉丹等手段，迎合人們滿足不同欲望的心理。「三教合一」思想在道教之外和道

〔註4〕　《朱熹集》卷一，成都：四川教育出版社1996年版，第16頁。
〔註5〕　轉引自卿希泰：《道教與中國傳統文化》，福州：福建人民出版社1992年版，第202～203頁。

教之內都達到了高度的統一和一致。

　　道教包括道教哲學憑藉「三教合一」思想完善自身、統一宗派、擴大影響，但因宋元時期道教的「三教合一」思想強調三教之間特別是標誌三教之特色的義理方面的相通、相融，突出其共性，相應地一定程度上就忽視了三者之間的個性，從而多少會損害其個性發展，儘管道教「三教合一」思想仍是強調道教本位的。另一方面，「儒家憑藉著自己在中華民族的心理習慣、思維方式等方面根深蒂固的影響，以及王道政治與宗法制度的優勢，公開地或暗地裏把釋、道二教的有關思想內容漸漸地納入自己的學說體系與思維模式中，經過唐朝五代之醞釀孕育，至宋明時期終於基本上吞併掉釋、道二教，建立起一個治儒、釋、道三教於一爐，以心性義理爲綱骨的理學體系。」〔註 6〕在這種情勢下，道教「三教合一」思想在壯大自身的同時，道教、道教哲學也因趨同而爲更精緻、更圓融的宋明儒學理論體系所逐漸取代。

第二節　宋元道教「三教合一」思想與佛教禪學

　　慧能禪宗與全眞道教是中國傳統宗教中兩個頗具代表性的流派。禪宗的形成是外來佛教大量吸收和融攝中國傳統儒道文化的成果，是佛教徹底中國化的標誌，是佛教中影響最大又最具中國特色的宗派。而全眞道則是一支立足於道教而熔鑄儒佛思想的新興道教流派，其興起和興盛標誌著中國道教「三教合一」思想交融的完成，標誌著道教理性化、哲理化的最終實現，其教理教義代表了後期道教發展的最高成就。以慧能禪和全眞道之心性論思想的梳理、比較爲契入，力圖深化和加強道教的心性論尤其是宋元道教「三教合一」思想與慧能禪的雙向影響的研究，並爲道、佛關係的研究開闢新的向度。

（一）佛性與道性

　　佛性原指佛的體性、本性，通常用以指成佛的可能性和根據。作爲一種宗教，佛教的最終目的是成佛得解脫，因此佛性問題是佛教的核心問題。佛性思想作爲佛教學說的一個重要組成部分，同其他宗教學說乃至一切社會意識一樣，既是一個社會歷史發展過程也是一個人類思維邏輯不斷發展的過程。有學者認爲，中國佛教史上較有系統的佛性理論當始自東晉慧遠之「法性論」和南朝梁武帝的「眞神論」。慧遠的「法性論」，其所謂「法性」、「法

〔註 6〕　賴永海：《中國佛教文化論》，北京：中國青年出版社 1999 年版，第 158 頁。

眞性」、「不滅之神」者，實際上是一種糅合佛教的「佛性」、魏晉玄學的「本無」和中國傳統宗教的「靈魂」的產物；梁武帝的「眞神論」把「眞神」作爲成佛的可能性和根本依據，但其基本思想與中國古代傳統的靈魂說如出一轍。〔註7〕本來，印度佛教的「佛性」與中國傳統宗教的「靈魂」是很不相同的，其中最大的區別在於，前者否定實體性，後者則是一種不滅的精神實體。因此，無論是慧遠的「法性論」還是梁武帝的「眞神論」都還是一種糅合「佛性」與「靈魂」的不純粹的佛性論，確切地說，他們的佛性思想還不成熟，還屬於中國佛性理論的醞釀準備階段。從思想邏輯的發展進程來看，中國佛性理論的成熟和系統化當首推晉宋之際竺道生的佛性學說。道生佛性理論的最大貢獻便是「依義不依語」、孤明先發第一個提出了「一切眾生悉有佛性」的思想，並很快入主中國佛教界，成爲中國佛性理論的主流。隋唐兩代，除唯識宗外，其他各個佛教宗派的佛性理論都以「一切眾生悉有佛性」的思想爲基礎。當然，由於各宗的學術師承不同，依據的佛教經典有別，這就造成了各具特色的佛性理論。

綜觀隋唐除慧能禪宗以外的幾大佛教宗派的佛性理論，我們可以發現，他們所言的「佛性」都還是一種抽象的本體，無論是天台的「中道實相」抑或華嚴的「如來藏自性清淨心」，不但用語來源於印度佛教，思想內容上也帶有濃厚的傳統佛教的色彩。當然，我們也應看到，不管是天台的「實相」還是華嚴的「清淨心」，它們的內涵已與傳統的印度佛教不盡相同，已逐漸地從注重抽象的本體轉向以「心」甚至以「覺心」來談佛性。但是相對於更加中國化或徹底中國化的慧能禪宗而言，他們則帶有更多印度傳統佛教的成分。六祖慧能禪宗始，上述情況發生了帶根本性質的變化。慧能禪宗佛性理論的最大特點就是把印度佛教中那個抽象化的「佛性」落實到具體的現實「人性」和「心性」上來。

慧能禪宗主張人人皆有佛性，「菩提般若之智，世人本自有之」，〔註8〕而且佛性平等、清淨。所謂「人雖有南北，佛性本無南北」、〔註9〕「愚人智人，佛性本無差別」，〔註10〕「菩提自性，本來清淨」〔註11〕。慧能所言的

〔註7〕　賴永海：《中國佛教文化論》，北京：中國青年出版社 1999 年版，第 123～127頁。

〔註8〕　《六祖壇經·般若品第二》。

〔註9〕　《六祖壇經·行由品第一》。

〔註10〕　《六祖壇經·般若品第二》。

這個佛性不是別的，正是人的當下現實的活潑潑的人心、人性。「本性是佛，離性無別佛」，〔註12〕「自識本心，自見本性」，〔註13〕「但用此心，直了成佛」。〔註14〕這樣，在慧能禪宗看來，眾生與佛的差別就僅在於自心（性）迷悟的不同，「自性迷即是眾生，自性覺即是佛」，〔註15〕因而，人的心性迷悟就成爲眾生成佛的關鍵，眾生與佛的統一，取決於人們的當下現實之心。

道性是指潛藏在宇宙萬物和生命中的潛在性的道，它是一切眾生修道的基礎。〔註16〕與佛性思想一樣，作爲道教尤其是全眞道的核心理論，道性由涵攝天、地、人而最終被落實到「一切眾生皆有道性」，並由此成爲眾生之所以能修道而得道的根本依據和可能性，這同樣經歷了一個社會歷史和思維邏輯雙重發展的過程。

就現有資料看，「道性」一詞首先見於漢代的《老子河上公注》，此詞在「道法自然」注下，明確提出了「道性自然，無所法也」，〔註17〕其後的《老子想爾注》也襲用了「道性」這一概念，「道性不爲惡事，故能神，無所不作，道人當法之」、「道性於俗間都無所欲，王者也當法之。」〔註18〕但是這裡所說的「道性」，實際上只是「道之性」的簡稱，是從另一個角度對道體的說明。有學者已指出，在早期道教經典中，「道性」往往可以同「道體」替換使用，〔註19〕進一步說，這些思想在漢代重「氣」的思維和言說文化語境中也是不可能得到長足發展的。

魏晉神仙道教在形神關係上追求形體的永固，從而導致了肉體長生成仙說在社會上一度盛行應是邏輯發展之必然。葛洪爲代表的以「保肉體之眞」、得道成仙爲修煉的根本目的的仙學理論，爲道教建構一種全新的生活方式提

〔註11〕 《六祖壇經・行由品第一》。

〔註12〕 《六祖壇經・般若品第二》。

〔註13〕 《六祖壇經・定慧品第四》。

〔註14〕 《六祖壇經・行由品第一》。

〔註15〕 《六祖壇經・疑問品第三》。

〔註16〕 胡孚琛主編：《道教文化大辭典》，北京：中國社會科學出版社 1995 年版，第 463 頁。

〔註17〕 王卡點校：《老子道德經河上公章句》，卷二《象元第二十五》，北京：中華書局 1993 年版，第 103 頁。

〔註18〕 饒宗頤：《老子想爾注校證》，上海：上海古籍出版社 1991 年版，第 46 頁、47 頁。

〔註19〕 楊維中：《心性本體與道性道體：中國佛教心性論對道教心性論的影響》，北京：《世界宗教研究》2003 年第 2 期。

供了理論指導。但是，就在各種煉丹術在理論上不斷完善發展的同時，其在實踐中卻出現不僅不能「假求於外物以自堅固」，延長生命，有時反而會損害身體，加速死亡的後果。慘痛的現實和教訓，使人們逐漸認識到肉體成仙的虛幻性，也促使道教尋找新的修道之路，這樣道性問題又重新引起了人們的重視。

隨著南北朝道教義學的發展和積澱，隋唐時期，中國道教正式開始對修道成仙之根據和可能性進行了深入探討，從而提出了具有重要理論意義的「道性」論。「道性」論的提出，極大地推進了道教的學理化進程，它不僅對眾生修道成仙的理論依據進行了嚴密、系統的論證，而且還大大簡化了道教的修煉程式，把修道的重點安置在修己之心性上，使得道教由外在的形體修煉逐漸轉向內在的心性修煉，從而拓寬了道教理論建設和修行實踐的發展空間，也為以後唐宋道教內丹心性學的興起尤其是對金元時期的全真道教教理教義的成熟、圓融奠定了堅實的基礎。

全真道教分為王重陽創建的北宗和以張伯端為始祖，實際上由海南人白玉蟾所創建的南宗。全真道南北宗的區分，嚴格說來是後人的追認。本來意義上的全真道指的是北宗。不過，無論是南宗還是北宗，都主張「一切眾生悉有道性」，而且都把道性最終落實到人的心性上來。無論是南宗的「先命後性」，還是北宗的「先性後命」都是把人自身的活潑潑的人性（心）、人命作為道性的載體，心性即道性、修道即修心，從而使得內丹心性學迅猛發展並逐漸成為後期道教思想的主流意識。北宗王重陽強調「心本是道，道即是心；心外無道，道外無心」，[註20] 南宗白玉蟾也認為，「推此心而與道合，此心即道也；體此道而與心會，此道即心也；道融於心，心融於道也；心外無別道，道外無別物也」。[註21]

（二）「明心見性」與「性命雙修」

慧能禪宗倡「即心即佛」的佛性論，把眾生與佛歸結於自心（性），認為佛與眾生的區別僅在於自心（性）的「悟」和「迷」。在慧能看來，佛不在遙遠的彼岸世界，而在於每個人的心性之中，「自心」（自性）不覺悟，即便整天念經、拜佛、坐禪、行善等都是做無用功。因此，慧能禪宗的修行解脫論的思想要旨便是「識心見性」、「明心見性」。「心」指自心、真心；性指本性、

[註20]　《重陽真人授丹陽二十四訣》，《道藏》第 25 冊，第 808 頁。
[註21]　《修真十書》卷六，《指玄篇》，《道藏》第 4 冊，第 624 頁。

－139－

佛性。眾生要想超越生死求得解脫，唯一的途徑便是徹見自己的自心、本性。《壇經》中說，「不識本心，學法無益，識心見性，即悟大意」，認爲只有識心見性、明心見性，才能見佛性本自具足，才能明瞭自心本來是佛。慧能禪還認爲，「見性」不需要累世的修行功夫也不需要歷盡許多階段，人們的當下每一念心，都有可能從自心（自性）中頓現眞如本性，一悟即至佛地。「迷來經累劫，悟則刹那間」，眾生與佛之間轉換的關鍵就在於迷和悟，而迷悟之間的轉化就在人們的當下現實的一念之間、刹那之間。因此，見性之悟，就只能是頓然之悟、豁然之悟，因「悟」是「頓」不是「漸」，也不是漸修，所以「明心見性」、頓悟成佛是不假修習的。「我於忍和尚處，一聞言下便悟，頓見眞如佛性」，「一刹那間，妄念俱滅，若識自心，一悟即至佛地」便是慧能禪宗頓教法門的明證。

慧能南宗倡導的頓教法門是南宗禪法的靈魂所在，也是慧能南宗最革新的思想所在。在「頓悟見性」的旗幟下，慧能還提出了諸如「自性自悟，不假修習；禪非坐臥，道由心悟；諸佛妙理，非關文字等振聾發聵的口號」，[註22] 不僅導致了禪門修行實踐的徹底變革，使更多人相信憑藉自力，即世間就能求得解脫，而且對道教尤其是對全眞道「修心煉性」說的提出和實踐產生了直接而重要的影響。

道教從人性論的角度討論成仙的根據問題。道教將眾生修道成仙的根據稱作道性，像禪宗「即心即佛」的佛性論一樣，道教也把道性的眞正實現落實在當下現實之人心。伴隨著道教對道性、人性的深入探討，在理論上又引發出頗具全局性和緊迫性的一大問題，即人性與生命是什麼關係？這個問題之所以具有全局性和緊迫性，是因爲道教從來都不是否定人生、否定生命的宗教。修心煉性如何能通向長生不死？修性與修命如何協調起來，可以說，上述問題的解決與否不僅關係到道教自身理論發展的圓融與否，而且直接關係到道教「悉有道性」的一切具有活潑潑生命的眾生如何修道最終成仙的根本問題。可以說，自南北朝以來，道教學者就已經自覺不自覺地開始接觸並探討這些問題，如南朝齊梁時代陶弘景著《養性延命錄》就是講如何通過心理的調運來求身體健康，延年益壽。有唐一代，重玄學家吳筠倡導修性與修命相結合，形成性命雙修的思想，這種主張不僅符合道教原來的形神雙修的

〔註22〕王月清《論〈壇經〉的思想價值和文化意蘊》，南京：《江蘇社會科學》1999年第 1 期。

思想特質，而且在整體上與中國的天人合一思維模式相適應，以致「性命雙修」一直成爲爾後道教修持的基本模式。「性命雙修」原則也是全眞南宗和北宗的秉持，儘管他們在修煉的順序上有截然相反的分歧和差異。

在全眞道教看來，「性」當指人的本性，又稱作眞性、靈性、正性、眞心、天心、道心、元神等；「命」指人的生命，又稱作元氣、氣。性與命有點類似於我們現在所說的精神和肉體（物質）、心理與生理。全眞南宗張伯端不僅積極倡導「性命雙修」的思想——在他認爲，僅講「養命固形之術」是遠遠不夠的，還必須探究「本源眞覺之性」，這才是「達本明性之道」——他還進一步提出先修命、後修性，並把學道境界分爲三個層次「先以神仙命脈誘其修煉，次以諸佛妙用廣其神通，終以眞如覺性遣其幻妄，而歸於究竟空寂之本源。」〔註23〕張伯端的這一修道步驟和方法影響深遠。與張伯端南宗一系的「先命後性」主張不同，全眞道教北宗主張先性後命，此派的創始人王重陽革新道教傳統的長生不死觀念，認爲「本來眞性」不亂就是長生不死，強調內在精神的超越。「眞性不亂，萬緣不掛，不去不來，此是長生不死也。」〔註24〕據此，王重陽認爲修道要「先求明心」，強調明心見性。如何明心見性？受佛教尤其是禪宗影響很深的全眞北宗強調清靜自然、淡泊無爲。「諸公如要修行，饑來吃飯，睡來合眼，也莫打坐，也莫學道，只要塵凡事屛除，只用心中清靜兩個字，其餘都不是修行。」〔註25〕如果不是強調清靜兩字，這簡直與慧能禪無甚差別了。那王重陽的所謂「清淨」的含義又是什麼呢？他認爲，「清靜」包含兩個方面：「內清靜者，心不起雜念；外清靜者，諸塵不染著」。「清靜」似乎與慧能禪所說的明心見性沒有什麼差別。不過它的實質是「自然」，達到「自然」的途徑是養氣安神。他在《贈道友》詩中說過，「自然消息自然恬，不論金丹不論仙；一氣養成神愈靜，萬金難買日高眠。」〔註26〕由此與佛教包括禪宗的涅槃「寂靜」分別開來。

（三）幾點比較

上述是對慧能禪宗和全眞道教之心性論的一個初步梳理，在此基礎上，我們嘗試從以下幾個方面對兩者的異同作進一步的比較研究。

〔註23〕　《悟眞篇拾遺》，《道藏》第 2 冊，第 1032 頁。
〔註24〕　《重陽眞人授丹陽二十四訣》，《道藏》第 25 冊，第 807 頁。
〔註25〕　《重陽教化集》卷三，《道藏》第 25 冊，第 788 頁。
〔註26〕　《重陽全眞集》卷九，《道藏》第 25 冊，第 740 頁。

先說同的方面。我們認為全真道教和慧能禪宗作為中國傳統宗教發展史中兩個頗具代表性的流派，第一個相同點或相似點，便是他們都成功做到了把人們的宗教信仰從天上拉回到人間，從外在轉向了內在。無論是慧能禪的成佛還是全真道的成仙，最終都落實到人們當下活潑潑的心性中來，這在各自的宗教發展史中無疑都是一個極其偉大的創舉和革新，在中國整個思想史的發展歷程中，無疑也具有極其重要的地位並產生深刻的影響。

第二個相同點或相似點，我們認為全真道教和慧能禪宗的心性論轉向始終都是以關乎人的存在尤其是承認個人的存在、人的自由、人的最終歸宿為旨趣的。對自心、自性、自信、自力等的強調無不是從上述旨趣考量並貫穿於整個理論和宗教實踐中來的。

第三，慧能禪宗和全真道教之心性思想間存在著影響（這在梳理中也涉及到），這是沒有多少爭議的，問題是究竟誰影響誰，是單向還是雙向？單向幾乎是不可能的，我們認為哪怕是處於被動、劣勢的文化（思潮）在遭遇、接受另一方的影響時，勢必也會對暫時處於主動、優勢的文化（思潮）產生影響，這是因為，有效的接受的發生總是以自己最切近的思維和方式進行的 —— 佛教剛傳入中國對老莊玄學的依附便是一個很好的說明 —— 這就同時要求暫時處於主動、優勢的文化（思潮）通過「改變」自己來使對方更好的適應。那麼，在這種理論的雙向建構中，許多名詞概念範疇的借用（互用）就顯得非常自然也符合交流甚而對話的需要尤其對兩種異質宗教文化傳統而言。這裡體現出來的一個相同點或相似點，我們認為便是寬容精神，這在當代全球多元文化互動尤其是跨文化對話、交流中也十分重要。全真道教和慧能禪宗二者都很好地貫穿並體現出這一重要精神，這不僅體現在他們之間的雙向建構和交流影響中，也體現在他們各自理論自身的建構中，尤其是道教的「三教合一」思想。我們知道，全真道教是「三教合一」的產物，而作為中國佛教代表、中國化最徹底的慧能禪宗不也同樣受傳統儒道思想影響之深嗎？否則，中國化也無從談起。

當然，全真道教和慧能禪宗心性思想之相同和相似方面，還有很多，需要我們從不同的視角去發掘、發現，推動研究的不斷深入和進展。接著，根據上面的梳理和研究，從相異方面，再談談我們的一些初步看法。首先，全真道教和慧能禪宗對心性的強調並不就是他們的終極目的，全真道教最終是要成仙，慧能禪宗最終是要成佛，我們認為，無論我們多麼強調他們心性論

之間的相似或相同，他們在終極追求上的根本相異，我們首先要有個清醒的認識，否則，我們的研究就會陷入「混沌」之中，當然就不會有一個可能意義上的比較中立客觀的研究。

　　第二個根本不同，我們認爲，慧能禪是只強調「明心見性」，而全眞道除了強調修心煉性之外，還從不捨棄對命（即身體）的修煉，從梳理中，我們可以看出，無論是全眞南宗還是全眞北宗無一例外均強調「性命雙修」。

第三節　宋元道教「三教合一」思想與儒家理學

　　儒家理學堪謂是中國哲學發展史之最高峰。但對於它的形成、發展乃至成熟，前人提出了諸多觀點，其中尤以「三教合一」的觀點最爲著名，也得到許多學者之認同，大家對於「理學的形成體現出三教合一的實質」這點上達成了共識。以「三教合一」的觀點而論，人們多注重佛教對儒家理學的啓發和影響，對於它與道家、道教的關係，雖有一些觀點，但因爲缺乏系統的論證和深入的研究，而使得這一關係遮蔽不明。這裡，以宋元道教「三教合一」思想爲基點，來探討它與同時代的儒家理學之間的相互關係以及雙向影響。

　　隋唐以來，「三教合一」的呼聲越來越高。唐代道教學者吳筠、杜光庭、李約、王眞、陸希聲、羅隱等都提出過儒道融合的主張。例如杜光庭說：「若悟眞理，則不以西竺東土爲名分別，六合之內，天上地下，道化一也。若悟解之者亦不以至道爲尊，亦不以象數爲異，亦不以儒宗爲別也。三教至人所說各異，其理一也。」〔註27〕其實早在道教始創，儒道融合就是其重要內容和手段，這從早期道教的重要經典《太平經》、《老子想爾注》、《老子河上公章句》等都能看出，東晉葛洪在《抱朴子》中澄明「道本儒末」的宗旨。雖然隋末唐初的儒家學者王通也曾提出「三教可一」的主張，但嚴格意義上的重義理的「三教合一」是醞釀於唐末五代並有道教開其先河的。〔註28〕受此影響，理學之先驅韓愈雖激烈反對道、佛，尤其反對佛教，但實際上已經吸收了道家、道教的思想和某些佛教的思想因素。其弟子李翺則力暢「三教合一」。至宋元，儒者們更是把援道納儒、援佛納儒作爲重振儒學之必由之路。

〔註27〕《老子說常清靜經注》，《道藏》第 17 冊，第 187 頁。
〔註28〕注：成書於漢代末年或三國時的牟子《理惑論》站在佛教的立場上提出了佛
　　　　道儒三教一致論，但內涵與宋元甚至唐代都有別，相對而言，還較爲粗淺。

「以佛治心，以道修身，以儒治國」，已經成為士子們的共識。他們在感情上、趣味上、心理上容易與佛、道溝通甚而產生共鳴。

在「三教合一」的過程中，儒家與道家、道教比較容易溝通、交流和相互吸取。在一般士大夫看來，老氏甚至道家、道教要比佛教更容易親近和接近。在「三教合一」的浪潮中，宋元儒吸收道家、道教的思想往往先是從吸收老氏之學開始的。即便是吸收佛學，往往也是打著吸收老氏之學的旗號進行的。如李覯、曾鞏都曾主張，即便是出於不得已，也最好通過改讀老莊之書的方法逐步代替直到消滅佛教，其理由是「何必去吾儒而師事戎狄哉。」〔註29〕儒學在佛、道的嚴峻挑戰和現實的急迫呼籲的條件下，必須有一個大的發展。這迫使宋明一大批思想家在韓愈道統論的感召下以捍衛道統自居，既要隱蔽地吸收佛、道二教的思想養料以豐富和發展自己，同時又必須嚴格地與佛、道區別開來，試圖削弱佛、道二教的深遠影響，解決現實之嚴峻問題。為此，周敦頤、張載、二程、陸九淵、朱熹、王陽明等從不同側面、不同角度作了大量之工作。其中尤其以朱熹、王陽明最力也最為成功。

朱熹作為理學之集大成者，廣採博收，將各家思想熔於一爐。考其理學體系，不難發現他的理學體系是以二程理學為基礎，以張載氣學作補充，吸收周敦頤太極學和邵雍象數學，兼採佛、道本體論，用道家道教的思維模式加以整合而建立起來的。朱熹理本論的直接淵源是二程理學，但終極淵源卻是老莊道家。我們知道，中國哲學中的本體思維實肇始於道家。道家以道為邏輯起點和終點，道既產生萬物又決定萬物，既先於物而存在，又內在於物而構成其本質，物生於道又復歸於道。這種本體論的道物關係，在朱熹那裡是以理氣關係得到再現的。朱熹認為，理先於氣，理產生氣，所謂「然必欲推其所從來，則須說先有是理」，「有是理便有是氣，但理是本」，認為理存於氣，所謂「理未嘗離於氣」，認為由氣構成的萬物應納入理的秩序中，故主張「即物而窮理」。可見，正是運用了道家的本體思維，朱熹的理本論才得以建立。朱熹理學從根本上說是力圖為儒家倫理道德尋找形而上的宇宙論根據，奠定本體論基礎的努力，關鍵在於論證天道與人道的統一，人道本於天道。儒家對此，之前不是沒有論述，但相較道家、道教而言則顯得粗淺而沒有系統。這裡，來自道家、道教的由天道推衍人道這一思維方式的運用，為整個儒家倫理道德和價值觀念存在的合理性和必要性提供了終極依據。

〔註29〕《答黃著作書》，《李覯集》卷二八，北京：中華書局 1981 年版，第 314 頁。

　　朱熹建構理學體系所運用的方法，即在形而上層次上借鑒道家、道教哲學抽象、思辨的概念、範疇之間的關係模式和思維、思路方式，在形而下的層次上恪守儒家的立場。對這個手法，上面我們儘管看到了在三教合一思想的影響下，對朱熹理學的建構起了重大的奠基作用，但是我們同時看到，這一手法仍有偏頗或不成功之處。儒家和道家、道教在「三教合一」思潮影響下，儘管在許多領域有共識，但我們應該看到，畢竟儒家和道家、道教在所涉及的論域上還有不少差別，這就決定了儒家在借鑒道家、道教形而上的思維方式時必須進行相應的改造，否則就有可能出現形而上、形而下不一致的現象。朱熹恰恰就是在道家、道教的形而上的改造上出現了偏頗，具體說來主要指本體論範疇的改造。本體是超越的絕對，無形體、無規定、自足圓滿、自因自果。它是人的意義和價值的源泉。道家、道教的道本體是人的本源眞性的宇宙化，是人的生命存在狀態和人的最大福祉的終極性關懷。但受儒家實用理性的制約，理學的天理本體，在超越性和絕對性上遠遠沒有道家、道教的道本體通徹透底。因爲它把人倫理法直接塞入到這個本體的內容中去。張載以「太虛」爲「仁之原」，二程說「人倫者，天理也」，朱熹步他們的後塵，認爲「天之所以爲天者，理而已。天非有此道理，不能爲天，故蒼蒼者即此道理之天。」〔註30〕理學家們這樣做，帶來的後果是，使得本體本應該具有的無規定性變成了有規定性，喪失了它的神聖性、絕對性和自足性，不再能作爲源頭爲世界開出價值和意義，使得人從終極意義上失去了身心的歸依之所。

　　針對其弊端，明代王陽明在道禪內向思維方式的影響下，將致思方向由外在轉向內在，在以後的爲學過程中徹底放棄了早年致力過的宋儒格物學，而把全部注意力集中到主體自身的心性、性命問題上。對道家、道教體用說和性命說的吸取是陽明心本體論得以建立的關鍵。道家、道教體用說的特點在於突出體，這一點恰爲陽明所吸收。他以虛靈之「心」爲體，以有形之物爲用，認爲心體與物用是統一不可分的，即「體用一源」；但體用關係不是並列的，而是體決定用：「蓋體用一源，有是體即有是用」，就心物之間的邏輯關係而言，先有心體，而後才有物用，從心體到物用的轉化是通過「意」的作用而實現的：「心之所發便是意」，而「意之所用必有其物」，物是心意作用的產物，故「心外無物」。在這一點上，我們知道，道家、道教由於有理作爲

〔註30〕《朱子語類》卷二五，北京：中華書局1986年版，第621頁。

中介，通過實在的氣的協同作用，通過術的運用，使得最高本體的道與人的雙向溝通既有可能性也有現實性，而且可以實現身心性命的一體昇華，最終達到「身安泰則命基永固，心虛澄則性本圓明，性圓明則無來無去，命永固則無死無生」〔註31〕的眞正與道同一，每一個人自然而然實現本然眞性的最眞實最圓滿的自由境界。從這兒不難看出，陽明心學無論其致思方向的確立，還是其主體意識的形成、其良知心學體系的建立，都受到道家、道教在致思和解決天人問題上的影響和啓發。

我們上面講到，影響的向度問題。其實，反過來，宋明儒學又對道家、道教的「三教合一」思想產生不可磨滅的影響。

無極太極理論是朱熹哲學體系的核心和基礎，它通過周敦頤、邵雍間接淵源於道教易學，但又作了多方面的系統的綜合創新。金元以後，朱熹的這一核心思想對道教教義的發展特別是「三教合一」思想的發展有很大影響。元明時代的道教學者們多把道與太極互爲詮釋。《淨明忠孝全書·淨明法說》：「無極而太極，無極者，淨明之謂也。」〔註32〕淨明大道作爲修煉的最高境界就是理學的無極，中黃八極作爲修煉的核心就是理學的太極或理，丹元絳宮作爲修煉的著眼點就是理學的人心。金元之際的全眞道更是用朱熹的無極而太極的理論來詮釋其本源論、本體論和境界論。李道純在《中和集·抱一歌》中說：「無極極而爲太極，太極布妙始於一。一分爲二生陰陽，萬類三才從此出。本來眞一至虛靈，亙古亙今無變易。」〔註33〕無極是宇宙萬物之本源，也就是道。道教修煉的目的就是回返這種本源，回返於道，即是得道。所以，李道純在《三天易髓》中直接把道教內丹解釋爲太極。基於此，他在解釋「無極而太極」時，不是從道教貫常的宇宙發生論的角度解說，而是直接取朱熹之意，認爲，「無極而太極，是謂莫知其極而極，非私意揣度可知也。亦非謂太極之先又有無極也，太極本無極也。」〔註34〕在朱熹理學體系中，道就是太極，也就是天理。元代苗太素在《玄教大公案》中直接表述了朱熹的這一思想，「物物具一太極，存一天理。」〔註35〕太極之理無處不在，這是朱熹的思想。元代《玄宗直指萬法同歸》卷一把朱熹的無極而太

〔註31〕 《中和集》卷四，《性命論》，《道藏》第 4 冊，第 503 頁。
〔註32〕 《道藏》第 24 冊，第 634 頁。
〔註33〕 《道藏》第 4 冊，第 510 頁。
〔註34〕 《全眞集玄秘要·太極圖解》，《道藏》第 4 冊，第 530 頁。
〔註35〕 《道藏》第 23 冊，第 899 頁。

極的理論與理氣說相貫通，以便把形而上的玄理探討與形而下的修持功夫統一起來，說：「無極者純然理之謂也，蓋有是理而後有是炁，理炁渾沌，是名太極。」〔註36〕這裡，適應道教內丹修煉之需要，既繼承朱熹的太極為理的觀點，又突出了炁的存在和理炁融為一體的關係。這裡可以看出，道教汲取朱熹無極而太極的理論主要在於思辨形式，而具體內容仍是道教的。

　　明代道教與儒門心學更是相互影響、相互激蕩，共同促進了明代學術和思想的整體深化。張宇初「貫綜三氏，融為一途」，以心性統為三教之源，但張宇初學說的最大特點還是把道教與儒家的基本觀念相互貫通。他對太極這一重要概念的闡釋即深刻體現了他貫通儒道，存體用、涵動靜，是為萬化之源，萬有之本的思想，他說：「太極者，道之全體也，渾然無所偏倚，廓然無得形似也，其性命之本歟？」〔註37〕他認為太極一詞雖然程子、邵子、朱熹等人那裡有不同之解釋，究其實質都是一個道體，而且都寓於「心」中。他說：「性稟於命，理具於性，心統之謂之道，道之體曰太極。省略號以是求之，即心也，道也，中也。周子曰：中焉止矣。程子曰：太極者道也。邵子曰：心為太極。朱子曰：太極者理也。陸子曰：中者天下之大本，即極也。理一而已，合而言之，道也。」〔註38〕張宇初將宋代諸儒的概念融為一體，統之以心，名之以道，既反映出他的道教本位立場，也有將宋代理學心學化的理論傾向。當然心學也受道教之影響（這裡從略）。明代道教與心學的相互影響，既是各自發展過程中的必然環節，也是宋元道教「三教合一」思潮在明代進一步發展的整體反映。

　　綜上，我們看到，宋元道教「三教合一」思想的發展，一方面對道教本身的發展產生了深遠影響，使其教理、教義更為精深，道教哲學更加系統化和理論化，與儒、佛一道將中國傳統哲學思維推進到心性論層次，這是就理論層面而言；就實踐層面來看，宋元道教在修持方法上更加世俗化、更加接近民眾，通過不斷地學習儒、佛以充實和提高自身並擴大影響。另一方面，通過與儒、佛的長期磨合、砥礪，也對儒家理學的形成、發展和慧能禪宗的不斷中國化提供了來源和平臺，更為重要的是，以心性為旨趣的理論建構必將為當代文化交流和建設提供諸多啟示：當代中國正處於傳統與現代的關鍵轉型期，社會在發展和進步，但由於我們過去未能夠處理好傳統與現代相銜

〔註36〕　《玄宗直指萬法同歸》，《道藏》第 23 冊，第 936 頁。
〔註37〕　《峴泉集》卷一，《太極釋》，《道藏》第 33 冊，第 188 頁。
〔註38〕　《峴泉集》卷一，《太極釋》，《道藏》第 33 冊，第 188 頁。

接的問題，而導致目前生活中充斥著價值迷失、信任淡化、急功近利等諸多社會流弊，原因在於，在某些人的精神生活中缺乏具有終極意義的價值系統的有力支持，因此重新挖掘傳統心性之學的價值並探求其轉化途徑具有重要的現實意義。啓示之二，宋元道教「三教合一」思想在融攝儒、佛所表現出來的綜合創新、平等交流等精神為我們今天中西文化的交流提供了參考，也為我們新文化建設的內生、發展創造了契機和動力。

主要參考文獻

一、古　籍

1. 《太華希夷志》,《道藏》第 5 冊,北京:文物出版社等,1988 年版。
2. 《正易心法注》,《藏外道書》第 5 冊,成都:巴蜀書社,1992 年版。
3. 《易圖通變》,《道藏》第 20 冊。
4. 《周易參同契考異》,《道藏》第 20 冊。
5. 《道德眞經藏室纂微篇》,《道藏》第 13 冊。
6. 《悟眞篇·序》,《道藏》第 2 冊。
7. 《修眞十書·悟眞篇》,《道藏》第 4 冊。
8. 《紫陽眞人悟眞篇拾遺》,《道藏》第 2 冊。
9. 《金丹四百字》,《道藏》第 24 冊。
10. 《青華秘文》,《道藏》第 4 冊。
11. 《修仙辨惑論》,《道藏》第 4 冊。
12. 《武夷集》,《道藏》第 4 冊。
13. 《海瓊問道集》,《道藏》第 33 冊。
14. 《海瓊傳道集》,《道藏》第 33 冊。
15. 《海瓊白眞人語錄》,《道藏》第 33 冊。
16. 《道德寶章》,《藏外道書》第 1 冊。
17. 《重陽全眞集》,《道藏》第 25 冊。
18. 《重陽立教十五論》,《道藏》第 32 冊。
19. 《重陽教化集》,《道藏》第 25 冊。
20. 《重陽眞人授丹陽二十四訣》,《道藏》第 25 冊。
21. 《重陽眞人金關玉鎖訣》,《道藏》第 25 冊。

22. 《甘水仙源錄》，《道藏》第 19 冊。

23. 《丹陽眞人語錄》，《道藏》第 23 冊。

24. 《丹陽眞人直言》，《道藏》第 32 冊。

25. 《丹陽神光燦》，《道藏》第 25 冊。

26. 《洞玄金玉集》，《道藏》第 25 冊。

27. 《磻溪集》，《道藏》第 25 冊。

28. 《長春眞人西遊記》，《道藏》第 34 冊。

29. 《眞仙直指語錄》，《道藏》第 32 冊。

30. 《中和集》，《道藏》第 4 冊。

31. 《道德會元》，《道藏》第 12 冊。

32. 《清庵瑩蟾子語錄》，《道藏》第 23 冊。

33. 《三天易髓》，《道藏》第 4 冊。

34. 《全眞集玄秘要》，《道藏》第 4 冊。

35. 《金丹大要》，《藏外道書》第 9 冊。

36. 《上陽子金丹大要仙派》，《道藏》第 24 冊。

37. 《玄宗直指萬法同歸》，《道藏》第 23 冊。

38. 《淨明忠孝全書》，《道藏》第 24 冊。

39. 《淨明黃素書序例》，《道藏》第 10 冊。

40. 《峴泉集》，《道藏》第 33 冊。

41. 《道門十規》，《道藏》第 32 冊。

42. 《歷世眞仙體道通鑒》，《道藏》第 5 冊。

43. 《金蓮正宗記》，《道藏》第 3 冊。

44. 《長春道教源流》，《藏外道書》第 31 冊。

45. 《修眞十書》，《道藏》第 4 冊。

46. 《宋史》第 38 冊，北京：中華書局標點本，1985 年版。

47. 《金史》第 1 冊，北京：中華書局標點本，1975 年版。

48. 《元史》第 15 冊，北京：中華書局標點本，1976 年版。

49. 《影印文淵閣四庫全書》第 1 冊、第 1156 冊，臺北：商務印書館，1983 年版。

50. 《古今圖書集成》第 51 冊，北京：中華書局等，1986 年版。

51. 《道家金石略》，陳垣編纂，北京：文物出版社，1988 年版。

52. 《道藏要籍選刊》第 6 冊，胡道靜選輯，上海：上海古籍出版社，1989 年版。

53. 《道書集成》第 37 冊，湯一介主編，北京：九洲圖書出版社，1999 年版。

54. 《悟真篇淺解》，王沐著，北京：中華書局，1990 年版。

55. 《大正新修大藏經》，臺北：臺北佛陀教育基金會出版部，1990 年版。

56. 《壇經校釋》，郭朋著，北京：中華書局，1983 年版。

二、研究著作

1. 王明：《道家和道教思想研究》，北京：中國社會科學出版社，1984 年版。

2. 孫叔平：《中國哲學史稿》（兩卷本），上海：上海人民出版社，1980 年版。

3. 任繼愈：《中國道教史》，北京：中國社會科學出版社，2001 年版。

4. 卿希泰：《中國道教史》（四卷本），成都：四川人民出版社，1996 年版。

5. 卿希泰：《道教與中國傳統文化》，福州：福建人民出版社，1990 年版。

6. 卿希泰：《道教文化與現代社會生活研究》，成都：巴蜀書社，2007 年版。

7. 牟鍾鑒等：《道教通論——兼論道家學說》，濟南：齊魯書社，1991 年版。

8. 胡孚琛等：《道學通論——道家、道教、丹道》，北京：社會科學文獻出版社，2004 年版。

9. 盧國龍：《道教哲學》，北京：華夏出版社，2007 年版。

10. 李養正：《道教概說》，北京：中華書局，1989 年版。

11. 王家祐：《道教論稿》，成都：巴蜀書社，1987 年版。

12. 潘雨廷：《道教史發微》，上海：上海社會科學院出版社，2003 年版。

13. 〔澳〕柳存仁：《道教史探源》，北京：北京大學出版社，2000 年版。

14. 〔日〕福井康順著，朱越利譯：《道教》，上海：上海古籍出版社，1990 年版。

15. 葛兆光：《道教與中國文化》，上海：上海人民出版社，1987 年版。

16. 鄺國強：《全真北宗思想史》，廣州：中山大學出版社，1993 年版。

17. 唐代劍：《王嚞·丘處機評傳》，南京：南京大學出版社，2000 年版。

18. 〔日〕蜂屋邦夫著，欽偉剛譯：《金代道教研究——王重陽與馬丹陽》，北京：中國社會科學出版社，2007 年版。

19. 戈國龍：《道教內丹學探微》，成都：巴蜀書社，2001 年版。

20. 張廣保：《唐宋內丹道教》，上海：上海文化出版社，2001 年版。

21. 張廣保：《金元全真道內丹心性學》，北京：三聯書店，1995 年版。

22. 詹石窗：《南宋金元的道教》，上海：上海古籍出版社，1989 年版。

23. 孔令宏：《宋明道教思想研究》，北京：宗教文化出版社，2002 年版。

24. 陳少峰：《宋明理學與道家哲學》，上海：上海文化出版社，2001 年版。

25. 孔令宏：《宋代理學與道家、道教》，北京：中華書局，2006 年版。

26. 唐大潮：《明清之際道教「三教合一」思想論》，宗教文化出版社，2000 年版。

27. 黃小石：《淨明道研究》，成都：巴蜀書社，1999 年版。

28. 郭武：《〈淨明忠孝全書〉研究——以宋元社會爲背景的考察》，北京：中國社會科學出版社，2005 年版。

29. 陳寅恪：《鄧廣銘〈宋史職官志〉考證序》，《金明館叢稿二編》，上海：上海古籍出版社，1980 年版。

30. 陳垣：《南宋初河北新道教考》，北京：中華書局，1989 年版。

31. 蒙文通：《古學甄微》，成都：巴蜀書社，1986 年版。

32. 柳存仁：《和風堂文集》，上海：上海古籍出版社，1991 年版。

33. 張立文：《宋明理學研究》，北京：中國人民大學出版社，1989 年版。

34. 陳來：《宋明理學》，上海：華東師範大學出版社，2004 年版。

35. 盧國龍：《宋儒微言》，北京：華夏出版社，2001 年版。

36. 呂澂：《中國佛學源流略講》，北京：中華書局，1979 年版。

37. 〔日〕池田大作：《我的佛教觀》，成都：四川人民出版社，2001 年版。

38. 湯一介：《佛教與中國文化》，北京：宗教文化出版社，2000 年版。

39. 賴永海：《中國佛教文化論》，北京：中國青年出版社，1999 年版。

40. 賴永海：《中國佛教與哲學》，北京：宗教文化出版社，2004 年版。

41. 洪修平：《禪宗思想的形成與發展》，南京：江蘇古籍出版社，2000 年版。

42. 郭朋：《宋元佛教》，福州：福建人民出版社，1981 年版。

43. 嚴北溟：《儒佛道思想散記》，長沙：湖南人民出版社，1984 年版。

44. 洪修平：《儒佛道哲學名著選編》，南京：南京大學出版社，2006 年版。

45. 洪修平：《中國佛教與儒道思想》，北京：宗教文化出版社，2004 年版。

46. 蒙培元：《中國心性論》，臺北：學生書局，1990 年版。

47. 賴永海：《中國佛性論》，北京：中國青年出版社，1999 年版。

48. 蔡方鹿：《宋明理學心性論》，成都：巴蜀書社，1997 年版。

49. 羅安憲：《虛靜與逍遙——道家心性論研究》，北京：人民出版社，2005 年版。

50. 劉子健：《中國轉向內在：兩宋之際的文化內向》，南京：江蘇人民出版社，2002 年版。

51. 孫亦平：《杜光庭思想與唐宋道教的轉型》，南京：南京大學出版社，2004 年版。

三、研究論文

1. 鄧廣銘：《宋代文化的高度發展和宋王朝的文化政策》，《歷史研究》，1990（1）。

2. 宮雲維：《宋初文化政策與儒佛道之關係》，《孔子研究》，1997（4）。

3. 張玉璞：《三教融攝與宋代士人的處世心態及文學表現》，《孔子研究》，2002（2）。

4. 許佳君：《儒佛道與士大夫人生選擇的揉合》，《江蘇社會科學》，2000（6）。

5. 屈小強：《論儒、釋、道三教會通及其文化意義》，《中華文化論壇》，1995（4）。

6. 洪修平：《儒佛道三教關係與中國佛教的發展》，《南京大學學報》，2002（3）。

7. 韓東育：《關於儒、道、佛三家的理論極限》，《東北師大學報》，1996（3）。

8. 方立天：《儒道佛人生價值觀及其現代意義》，《中國哲學史》，1996（1～2）。

9. 蒙培元：《儒、佛、道的境界說及其異同》，《世界宗教研究》，1996（2）。

10. 葛兆光：《「唐宋」抑或「宋明」——文化史和思想史研究視域變化的意義》，《歷史研究》，2004（1）。

11. 任繼愈：《唐宋以後的「三教合一」思潮》，《世界宗教研究》，1984（1）。

12. 陳兵：《晚唐以來的三教合一思潮及其現代意義》，《四川師範大學學報》，2007（4）。

13. 李申：《三教關係論綱》，《世界宗教研究》，1996（3）。

14. 嚴耀中：《論「三教」到「三教合一」》，《歷史教學》，2002（11）。

15. 魯湘子：《略論儒釋道三教合一的內在因素》，《社會科學研究》，2000（6）。

16. 黃心川：《「三教合一」在我國的發展過程、特點》，《哲學研究》，1998（8）。

17. 郭熹微：《三教合一思潮——理學的先聲》，《江海學刊》，1996（6）。

18. 淩慧：《宋代「三教合一」思潮初探》，《安徽大學學報》，1998（5）。

19. 彭琦：《宋元時期的三教調和論》，《北京社會科學》，1999（2）。

20. 楊軍：《宋元時期「三教合一」原因探析》，《江西社會科學》，2006（2）。

21. 李祥俊：《北宋時期的儒、道學術會通論》，《南京社會科學》，2006（12）。

22. 高建立：《兩宋時期「以儒攝佛」的思想暗流與傳統儒學的新生》，《哲學研究》2006（8）。

23. 賴永海：《宋元時期佛儒交融思想探微》，《中華佛學學報》，1992（7）。

24. 張立文：《儒佛之辯與宋明理學》，《中國哲學史》，2000（2）。

25. 李承貴：《宋明新儒學「儒佛合一」說之檢討》，《天津社會科學》，2005（3）。

26. 李承貴：《儒士佛教觀研究的學術價值》，《哲學動態》，2007（1）。

27. 劉學智：《心性論：三教合一的義理趨向》，《人文雜誌》，1996（2）。

28. 陳俊民：《宋明「三教合一」思潮中的「心性」旨趣》，《河北學刊》，1991（3）。

29. 鄭信平：《宋明時期天師道的心性思想》，《安徽大學學報》，2004（4）。

30. 呂錫琛：《全真道的心性道德修養論探析》，《宗教學研究》，2001（2）。

31. 孫亦平：《論道教心性論的哲學意蘊與理論演化》，《哲學研究》，2005（5）。

32. 黃小石：《略論宋元新道教的主要特徵》，《社會科學研究》，1998（4）。

33. 孫亦平：《張伯端「道禪合一」思想述評》，《中國哲學史》，2000（1）。

34. 劉延剛：《白玉蟾的三教合一思想及其宗教調適》，《宗教學研究》，2004（2）。

35. 申喜萍：《李道純的三教合一思想研究》，《宗教學研究》，1998（4）。

36. 陳兵：《略論全真道的三教合一說》，《世界宗教研究》，1984（1）。

37. 范玉秋：《三教合一與全真道》，《管子學刊》，2007（3）。

38. 朱越利：《惠能與禪丹——以〈金丹大要〉為據》，《西南民大學報》，2005（12）。

39. 郭健：《道教內丹學的佛教觀探微》，《宗教學研究》，2004（1）。

40. 徐小躍：《老莊的契道合天與慧能禪的即心即佛》，《南京社會科學》，1997（6）。

41. 陳俊民：《略論金元以後全真道的思想演變》，《陝西師大學報》，1999（2）。

42. 孫亦平：《論淨明道三教融合的思想特色》，《世界宗教研究》，2001（2）。

43. 唐大潮：《明清之際道教「三教合一」思想的理論表現略論》，《世界宗教研究》，1995（3）。

44. 楊立華：《性命先後——關於金丹南宗與金元全真道的比較研究》，《中國哲學史》，1999（3）。

45. 李玉用：《道教圓融觀的文化內涵》，《中國宗教》，2008（2）。

46. 李玉用：《後現代的觀照：道禪比較新探》，《內蒙古社會科學》，2008（1）。

47. 李玉用：《慧能禪與全真道之心性論比較》，《五臺山研究》，2007（1）。

48. 李玉用：《略論宋元學術的精神及特質》，《學習與實踐》，2012（2）。

49. 李玉用：《略論儒家思想對早期全真諸子的影響》，《孔子研究》，2012（4）。

50. 李玉用：《略論禪宗思想對早期全真諸子的影響》，《華岡哲學學報》，2012年6月刊。

51. 李玉用：《試論淨明道的思想及特色》，《江西社會科學》，2012（2）。

52. 李玉用：《三教融合視野下的道教思想及其發展》，《弘道》，2011（2）。

後　記

　　欣聞臺灣花木蘭文化出版社有意將 6 年前於該社出版的拙著《宋元道教「三教合一」思想研究》（2013 年 3 月版）納入《中國道教文化研究》叢書的初編中再版。高興之餘，總覺得有些話要向之後見到此書的讀者們做個交代；誠然，也可視爲自己近些年來不輟研究和思考的一個小結。

　　《宋元道教「三教合一」思想研究》是本人 2005～2008 年於南京大學讀博期間在三教關係研究名家洪修平教授的指導下完成的博士論文。付梓花木蘭文化出版公司時，並未做較大的調整和修改，只是把原先博士論文的致謝辭換成了一個簡要後記，奈出版社百忙中疏忽了添加，遂成了初版的一個小遺憾。

　　今次補寫這個後記，當然不僅僅是爲了重複過去的「故事」。主要想對博士畢業十二年來（2008.6～2020.6）所從事的三教關係研究做個心得體悟的隨感記錄。當初選擇做這個選題，基於兩個方面的考量：一是導師的三教關係研究方向，二是自認爲還有點道家道教的底子。但眞正做起來，還是充滿了艱辛。至今仍常夢到在南大圖書館古籍部查閱和摘抄《道藏》、《藏外道書》等典籍的情形，雖很辛苦，但有時也感到很充實。2008 年畢業後，7 月份到陝西終南山參遊，目睹一些道教的碑刻遺跡，聯繫自己論文中所研究的王重陽、馬鈺、丘處機等高道，又覺得歷史其實是如此的鮮活！

　　2008 年 9 月入職南京信息工程大學（原南京氣象學院，被譽爲「氣象搖籃」，現爲「雙一流」高校），仍然沿著博士論文的研究方向深入推進，相繼在海內外學術期刊如大陸《孔子研究》、《學習與實踐》；臺灣《宗教哲學》、《道教月刊》；香港《弘道》和韓國《中國史研究》等發表了二十餘篇三教關係研

究方向的學術論文。這些文章雖不如博士論文來得系統和全面，但在專題性和研究方法上還是各有倚重，體現了自己一定的思考和研究的廣度、深度。總而言之，2015 年之前的文章在研究的主要範式上仍然是延續博士論文的思路，即傳統的史論結合的、基於道教本位的較宏觀的三教關係研究。

2015 年初嘗試以《儒佛道融通智慧研究》爲題申報了江蘇省社會科學基金課題，成功獲批。該課題力圖突破傳統的研究思路，以哲學爲主要審思進路，通過跨學科研究，總結提升歷史上儒佛道三教融通共生的內因外緣，尤其所蘊含的經驗智慧，並系統闡述融通智慧的價值取向和思維方式。在此基礎上，撰寫並發表了一些論文，到 2018 年底該課題申請結項，個人覺得研究的收穫並不是很大，倒是增添了些許困惑——主要是對以後學術致思的考量：是接著往下走，還是另謀「出路」？

近來，得悉博士論文再版，冥冥中倒是給了自己一個提示，都說一十二年是個輪迴，是否仍然堅持「不忘初心，方得始終」，還是一如《華嚴經》上所說，「初心易得，始終難守」。未來的學術之路，似仍需要繼續探索。是爲記！

李玉用

2019 年 11 月 20 日於南京鼓樓東寶路家中